부지런한 일꾼
개미

부지런한 일꾼
개미

글 동민수 × 그림 옥영관

보리

차례

개미 이모저모 6
- 개미는 어떤 곤충일까? 8
- 작은 개미, 큰 개미 9
- 곤충 무리에서 개미는 어디쯤 있을까? 10
- 우리나라에는 어떤 개미가 살까? 12

개미 왕국의 탄생 14
- 개미집은 어떻게 생겼을까? 16
- 개미집 우두머리, 여왕개미 18
- 부지런한 일꾼, 일개미 20
- 집을 지키는 병정개미 22
- 짝짓기만 하는 수개미 24
- 개미 한살이는 어떻게 돌아갈까? 26
- 개미들은 어떻게 서로 말을 주고받을까? 28

여러 가지 개미집 30
- 나뭇잎을 엮어 집을 짓는 베짜기개미 32
- 나무 위에 집을 짓는 꼬리치레개미 33
- 개미총을 짓는 불개미 33
- 집을 짓지 않고 사는 군대개미 34
- 떠돌아다니며 사는 그물등개미 35
- 동굴에 사는 동굴장다리개미 36
- 사막에 사는 은개미 37
- 높은 산에서 사는 뿔개미 37

개미는 어떻게 먹고살까? 38
- 곡식을 거두어들이는 짱구개미 40
- 버섯 농사를 짓는 가위개미 41
- 배 속에 꿀물을 모으는 꿀단지개미 42
- 자기 애벌레 피를 빨아 먹는 톱니침개미 43
- 벌레 알을 사냥하는 배굽은침개미 44
- 큰턱으로 벌레를 잡는 비늘개미 44
- 다른 개미집에서 먹이를 훔치는 열마디개미 45

개미는 어떻게 스스로를 지킬까? 46
- 머리로 입구를 막는 넓적다리왕개미와 거북이개미 48
- 스스로 폭발하는 자폭개미 49
- 튕기기 대장 톱니침개미 50
- 개미를 흉내 내는 곤충들 51

빼앗고 빼앗기는 개미들 52
- 다른 개미집을 빼앗는 가시개미 54
- 같은 무리 집을 빼앗는 황털개미 56
- 다른 개미를 노예로 삼는 사무라이개미 58

개미를 노리는 벌레들 60
- 개미를 조종하는 기생충, 란셋흡충 62
- 개미 애벌레에게 알을 낳는 개미살이맵시벌 64
- 개미 몸에 알을 낳는 벼룩파리 65
- 모래밭에서 개미를 노리는 개미귀신 65
- 개미집에 들어가 사는 곤충들 66
- 개미를 속이는 반날개와 개미사돈, 개미집귀뚜라미 67

개미와 더불어 사는 친구들 68
- 개미와 돕고 사는 진딧물 70
- 개미집에서 애벌레 시절을 나는 부전나비 72
- 개미와 더불어 사는 식물들 74

저자 소개 76

개미
이모저모

땅에 똑 떨어진 사탕에 까맣게 꼬인 개미들 본 적 있지?
꼬물꼬물 바닥을 기어 다니는 개미는 우리 둘레에서 흔히 볼 수 있어.
개미집은 학교 운동장에도 있고 놀이터나 길가, 산 어디에서나 찾을 수 있지.
다들 아는 개미와 베짱이 이야기처럼 개미는 정말 부지런해.
서로 도우며 애벌레를 키우고 먹을거리를 모아.
또 농사도 짓고, 가축도 키우지.
때로는 무시무시한 싸움도 벌이며 살아.
몸집이 작아서 다 비슷할 것 같지만
개미마다 크기와 모습, 사는 곳이 다 달라.
그럼 이제부터 놀라운 개미 왕국으로 여행을 떠나 볼까?

개미는 어떤 곤충일까?

개미는 벌이랑 가까운 친척이야. 땅을 기어 다니는 개미랑 하늘을 날아다니는 벌이
친척이라니 신기하지? 하지만 눈썰미 좋은 친구들은 날아다니는 개미를 본 적이 있을 거야.
개미도 짝짓기 때가 되면 벌처럼 날아다녀.
하지만 벌과 다르게 짝짓기가 끝나면 땅에 내려와 날개를 떼고 땅속으로 들어가지.
개미랑 벌을 견주어 보면서 개미 몸이 어떻게 생겼나 살펴볼까?

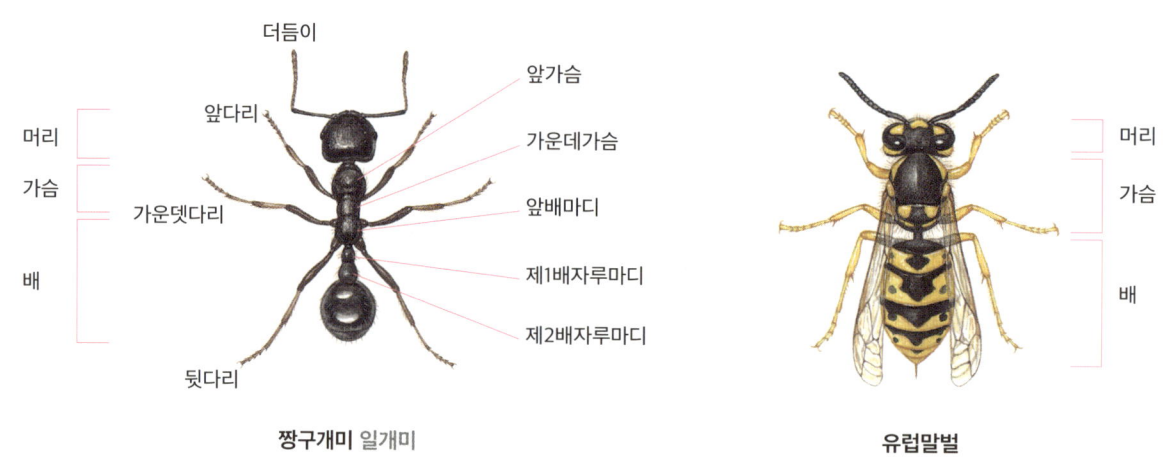

짱구개미 일개미　　　　　　**유럽말벌**

개미와 벌은 모두 곤충이야. 곤충은 몸속에 뼈가 없는 대신 몸 바깥에 딱딱한 껍질이 있어.
이런 몸을 한자말로 '외골격'이라고 해. 개미와 벌 모두 몸은 머리, 가슴, 배로 나뉘고, 다리는 여섯 개야.
머리에는 겹눈과 입, 더듬이가 있어.

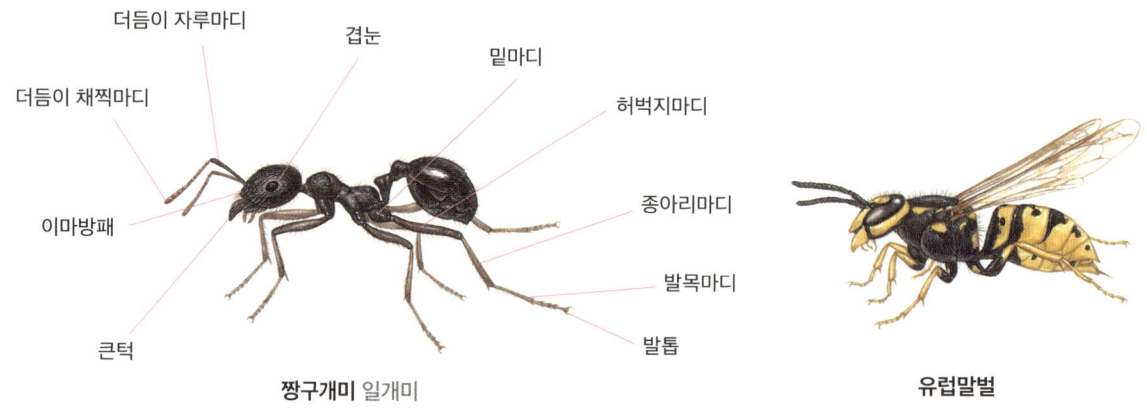

짱구개미 일개미　　　　　　**유럽말벌**

개미는 벌과 달리 두 번째, 세 번째 배마디가 아주 가늘어. 좁은 땅굴을 지나다니기 위해서래.
사람들이 흔히 말하는 '개미허리'는 이 부분을 말하는 거야.
개미는 더듬이가 ㄱ자처럼 꺾였지만 벌은 대부분 꺾이지 않고 쭉 뻗었어.
또 개미는 벌과 달리 병균이나 곰팡이를 막는 물질이 나오는 뒷가슴샘이 있어.

작은 개미, 큰 개미

개미는 몸집이 아주 작아. 쪼그리고 앉아서 가까이 들여다봐야 개미 얼굴이 보일 듯 말 듯 해.
그런데 사실 개미는 크기가 아주 다양해. 1밀리미터 남짓인 개미도 있고,
40밀리미터까지 자라는 개미도 있어.

원자개미 일개미
(실제 크기)

불독개미 일개미
(실제 크기)

사람 손에 올라간
불독개미를 보니
얼마나 큰지 알겠지?

원자개미는 호주와 그 둘레 섬에서 사는 개미야. 몸이 얼마나 작은지 몸길이가
겨우 1밀리미터밖에 되지 않아. 반면에 불독개미는 세계에서 가장 큰 개미 가운데 하나야.
몸길이가 40밀리미터까지 자라. 원자개미에 견주면 마흔 배쯤 더 커.

노란꼬마개미는 몸길이가
1.5밀리미터쯤이야.
숲속에 쓰러져 있는
썩은 나무 속에서 살아.

일본왕개미 일개미
(실제 크기)

노란꼬마개미 일개미
(실제 크기)

일본왕개미는 우리 둘레에서
흔히 보는 개미야.
학교 운동장이나 공원, 산
어디에서나 볼 수 있어.
여왕개미는 몸길이가 17밀리미터쯤 돼.

우리나라에서 가장 작은 개미는 노란꼬마개미야. 가장 큰 개미는 일본왕개미지.
일본왕개미는 노란꼬마개미보다 몸길이가 열 배쯤 더 길어.

곤충 무리에서 개미는 어디쯤 있을까?

개미는 곤충 무리 가운데 벌 무리에 속해. 개미는 곤충 가운데 날개가 있는 무리야. 그 가운데 날개를 접을 수 있는 무리지. 그리고 알에서 애벌레, 번데기를 거쳐 어른벌레가 되는 갖춘탈바꿈을 하는 무리야.

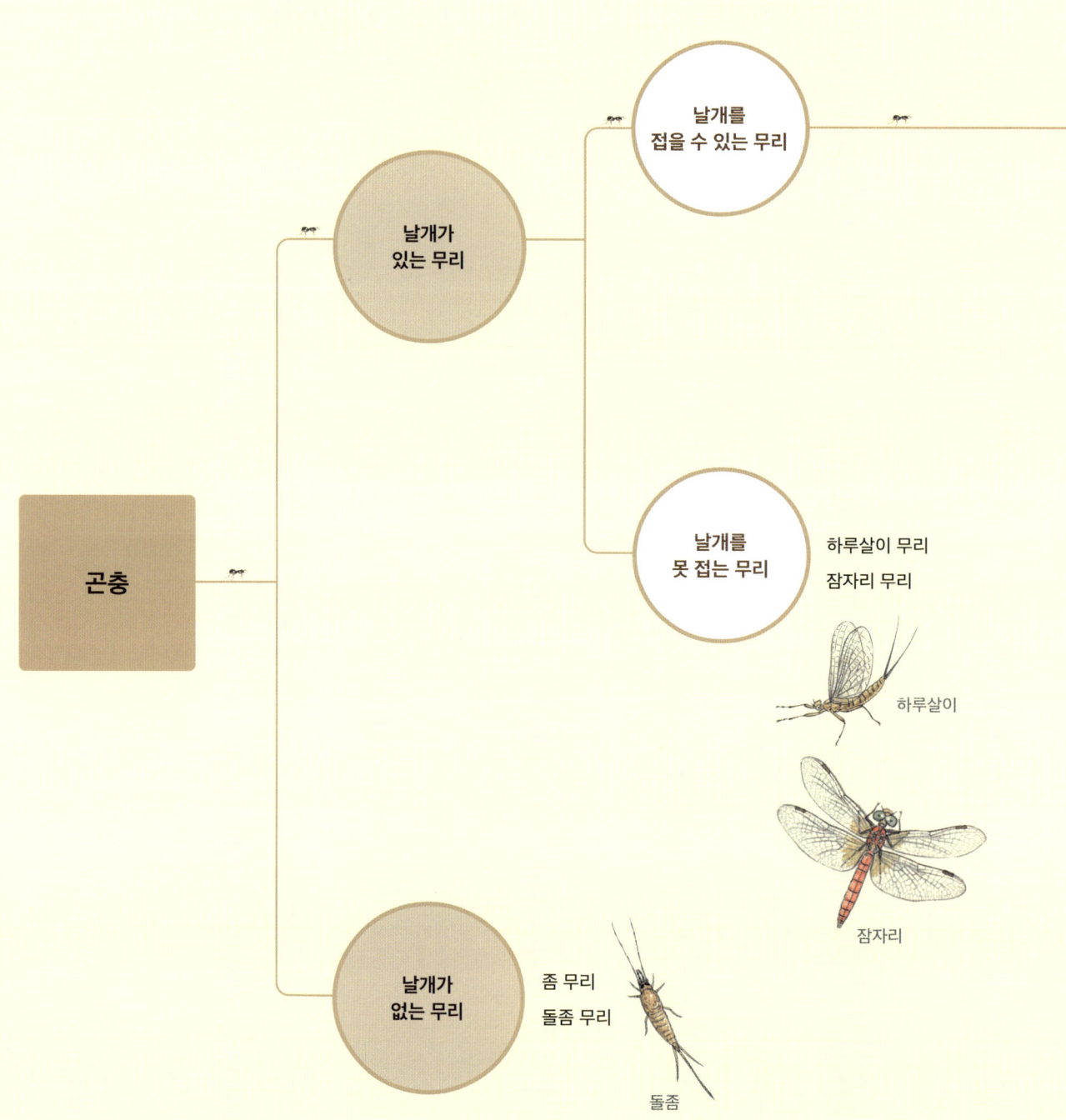

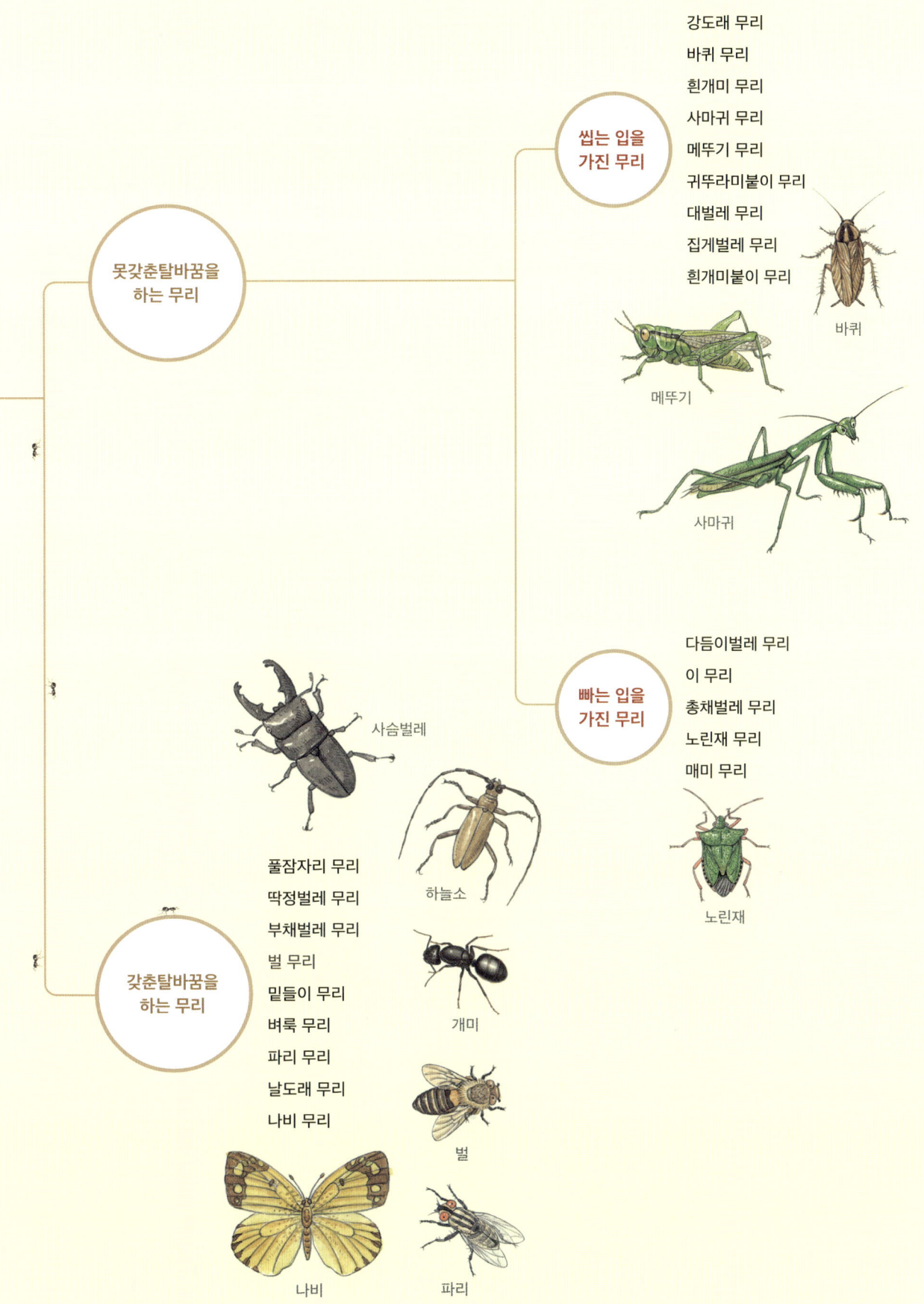

우리나라에는 어떤 개미가 살까?

지금까지 알려진 개미는 온 세계에 15,000종쯤 돼. 우리나라에는 140종쯤 살아.
지구에 살고 있는 모든 개미 무게를 재면 아마 세상에 사는 모든 사람들 무게와 비슷할 거야.
개미는 몸집이 작아서 생김새가 다 똑같을 것 같지?
개미를 크게 돋보기로 보면 개미마다 생김새가 아주 달라.
개미는 몸 크기만큼이나 생김새도, 사는 곳도 아주 여러 가지야.

고동털개미 일개미

고동털개미는 온몸이 고동색이야.
썩은 나무나 땅속에 집을 짓고 살아.
온 나라 풀밭이나 집 둘레, 공원
어디서나 흔하게 볼 수 있어.
일개미 몸길이는 3밀리미터쯤 돼.

그물등개미 일개미

그물등개미는 이름처럼 머리와 가슴에
그물 같은 주름이 있어.
돌이나 가랑잎 밑, 나무 구멍에서
수천에서 수만 마리가 모여 살지.
일개미 몸길이는 3밀리미터쯤 돼.

짱구개미 일개미

짱구개미는 온몸이 까매.
온 나라 풀밭이나 산길, 공원 어디서나
땅속 깊이 굴을 파서 집을 지어.
여러 가지 풀씨를 거둬서 집에 차곡차곡 모아 둔다고
'수확 개미'라고도 해.
일개미 몸길이는 5밀리미터 안팎이야.

곰개미 일개미

곰개미는 우리 둘레에서 흔하게 보는 개미야.
풀밭이나 집 둘레에서 볼 수 있어.
온몸이 검은 밤색이야.
일개미 몸길이는 5~9밀리미터쯤 돼.

가시개미 일개미

가시개미는 이름처럼 몸에 가시가 돋았어.
가슴에 세 쌍, 배자루마디에 한 쌍 있지.
일개미는 가슴과 배자루마디가 빨개.
우리나라 어디서나 흔히 볼 수 있어.
도시에서도 보여.
일개미 몸길이는 7~8밀리미터쯤 돼.

분개미 일개미

분개미는 머리와 가슴이 빨갛고, 배는 까매.
햇볕이 잘 드는 풀밭에 집을 넓게 짓고 살아.
강원도 높은 산에서 흔하게 볼 수 있어.
일개미 몸길이가 7~10밀리미터쯤 돼.

사무라이개미 일개미

사무라이개미는 다른 개미를 사냥하는 개미야.
곰개미 집에 쳐들어가 곰개미 고치를 자기 집으로 가져오지.
그리고 그 고치에서 태어난 곰개미 일개미를 부려 먹어.
곰개미 일개미가 사무라이개미를 먹여 살리는 셈이야.
사무라이개미는 우리나라 어디서나 볼 수 있어.
일개미 몸길이는 6~8밀리미터쯤 돼.

한국홍가슴개미 일개미

한국홍가슴개미는 우리나라에서만 사는 개미야.
이름처럼 가슴이 빨개.
제법 높은 산에서 썩은 나무나
돌 밑, 바위틈에 보금자리를 마련하고 살지.
일개미 몸길이가 7~14밀리미터쯤 돼.

이 개미들을 실제 크기로 한번 볼까?
왼쪽부터 고동털개미, 그물등개미, 짱구개미, 사무라이개미, 곰개미, 가시개미, 분개미, 한국홍가슴개미야.

개미 왕국의 탄생

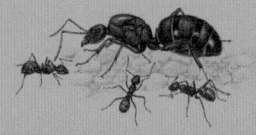

개미는 여러 마리가 모여서 한 식구처럼 살아.
꼭 사람처럼 저마다 맡은 일을 나눠서 하지.
여왕개미는 알을 낳고, 일개미들은 살림을 도맡아 해.
병정개미는 집을 지키고, 수개미는 아무 일도 안 하고 있다가 짝짓기를 하고 죽어.
이렇게 개미들은 저마다 맡은 일을 하면서 자기 무리를 위해 함께 도우며 살아.
이렇게 함께 사는 곤충을 '사회성 곤충'이라고 해.
이제부터 개미집이 어떻게 생겼는지 살펴보고,
개미들이 저마다 무슨 일을 하는지 하나하나 알아볼까?

개미집은 어떻게 생겼을까?

개미는 다양한 곳에 집을 지어. 도토리 속이나 나무껍질 아래, 썩은 나무 속, 바위틈, 나무 위, 나뭇잎 사이, 열매나 줄기 속에 집을 짓기도 하지. 집을 안 짓고 사는 개미도 있어. 하지만 많은 개미들이 땅속에 굴을 파서 집을 만들어.
그럼 땅속에서 사는 곰개미 집을 한번 들여다볼까?

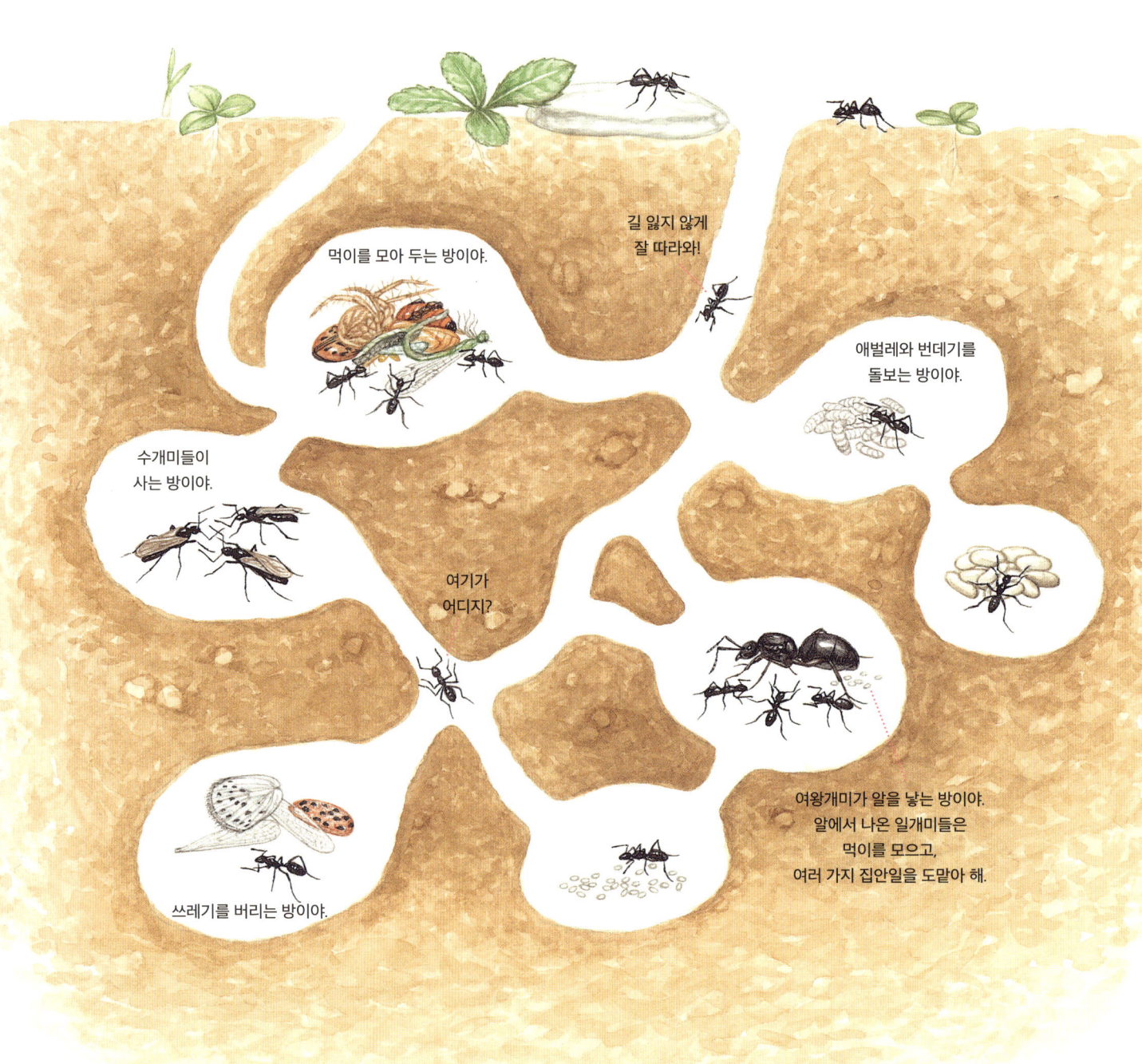

먹이를 모아 두는 방이야.

길 잃지 않게 잘 따라와!

애벌레와 번데기를 돌보는 방이야.

수개미들이 사는 방이야.

여기가 어디지?

여왕개미가 알을 낳는 방이야. 알에서 나온 일개미들은 먹이를 모으고, 여러 가지 집안일을 도맡아 해.

쓰레기를 버리는 방이야.

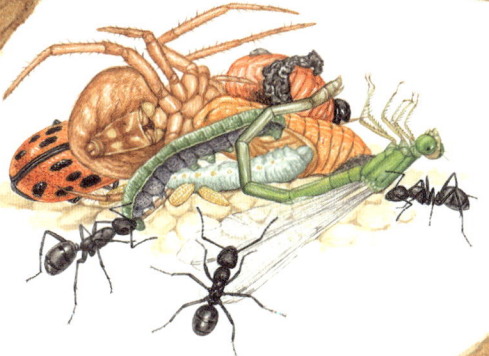

일개미는 땅 위를 부지런히 돌아다니면서
여러 가지 죽은 벌레나 씨앗 따위를 물어다
먹이 방에 차곡차곡 쌓아 둬.
개미는 몸이 작아도 힘이 엄청 세.
자기보다 몸집이 큰 먹이도 거뜬히 들어서 옮기지.

먹이를 모아 두는 방

여왕개미는 알을 낳고,
일개미들은 여왕개미를 돌봐.
여왕개미는 일개미보다 몸집이 훨씬 커.

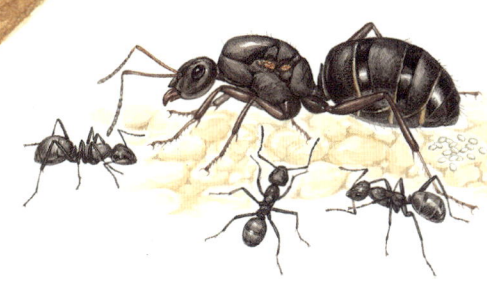

여왕개미가 알을 낳는 방

개미 애벌레는 파리 구더기처럼 다리가 없어.
그래서 온몸을 꿈틀대면서 기어 다녀.
일개미가 물어다 주는 먹이나
입에서 토해 내는 먹이를 먹으면서 쑥쑥 자라.

애벌레를 돌보는 방

번데기를 돌보는 방

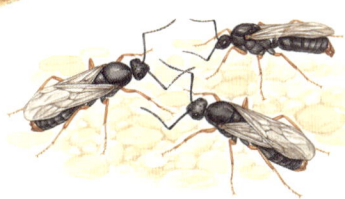

수개미 방

개미는 갖춘탈바꿈을 하는 곤충이라
고치를 만들고 번데기가 돼.
번데기에서 개미가 나올 때까지 일개미가 돌봐.

수개미는 평소에 아무 일도 안 하지만
때가 되면 예비 여왕개미와 혼인 비행을 해.

개미집 우두머리, 여왕개미

개미집 대장은 여왕개미야. 알을 낳는 여왕개미는 개미들 가운데 몸집이 가장 커.
한 개미집에 여왕개미가 한 마리만 살기도 하고, 여러 마리가 함께 살기도 해.
여왕개미가 죽으면 더 이상 새로운 개미들이 태어나지 않기 때문에 얼마 안 가 개미집도 사라져.
하지만 어떤 개미들은 여왕개미가 죽으면 밖에서 새로운 여왕개미를 데려오기도 해.

하늘을 날아오르는 황털개미 예비 여왕개미들

수개미와 예비 여왕개미는 태어날 때부터 날개가 있어.
여러 개미집에서 나온 예비 여왕개미가 하늘을 날면 수많은 수개미들도 짝짓기를 하려고 함께 날아오르지.
이것을 '혼인 비행'이라고 해. 여왕개미 한 마리가 한두 시간 동안 하늘을 날면서 여러 수컷과 짝짓기해.
짝짓기를 마치면 여왕개미는 땅으로 내려오고, 수개미는 모두 죽어.

짝짓기를 마친 여왕개미는 땅으로 내려와서 이제는 쓸모없어진 날개를 떼어 내.

그러고는 혼자 땅속에 굴을 파서 작은 방을 만들어. 거기 들어가 혼자서 알을 낳지.

여왕개미는 알에서 일개미들이 깨어날 때까지 아무것도 안 먹고 몸속에 모아 둔 영양분으로 버텨.

여러 여왕개미들을 만나 볼까?

예비 여왕개미들은 여러 마리 가운데 아주 적은 수만 살아남아서 여왕개미가 돼.
여왕개미는 자기가 낳은 알에서 일개미가 나오면 그때부터 오로지 알만 낳아.
굴을 넓히고, 먹이를 물어 오고, 집을 돌보는 일은 거의 일개미가 해.
여왕개미는 일개미보다 훨씬 오래 살아. 20년 넘게 살기도 한대.

톱니침개미 여왕개미

온몸이 불그스름하고, 톱니처럼 생긴 큰턱이
다른 개미보다 훨씬 커. 또 배자루마디가 굵직하고
벌처럼 배에 뾰족한 독침이 있어.
몸길이가 3.5~4밀리미터쯤 돼.

고동털개미 여왕개미

온몸이 까맣고 다리는 몸보다 색깔이 밝아.
고동털개미는 둘레에서 흔히 볼 수 있어.
몸길이가 7~8밀리미터쯤 돼.

짱구개미 여왕개미

온몸은 까맣고 주름이 있어.
가운데가슴과 배에는 주름이 없어서 반질반질해.
짱구개미는 주로 공원이나 들판에서 볼 수 있어.
몸길이가 7~9밀리미터쯤 돼.

분개미 여왕개미

머리와 배는 까맣고,
가슴과 배 첫 마디, 다리는 빨개.
분개미는 주로 높은 산에서 볼 수 있어.
몸길이가 9~10밀리미터쯤 돼.

여왕개미는 짝짓기를 한 여러 수개미 정자를 몸속 주머니에 모아 두었다가 몇 년 동안 조금씩 정자를 짜서 알을 낳아.
어떻게 살아 있는 정자를 그렇게 오랫동안 몸속에 보관하는지는 아직 밝혀지지 않았대.
여왕개미는 일개미를 낳고, 앞으로 여왕이 될 개미와 수개미도 낳아.

부지런한 일꾼, 일개미

일개미는 정말 열심히 일해. 먹이를 구해 오고, 개미집을 더 넓히거나 허물어진 곳을 고치지.
또 알을 돌보고, 애벌레에게 먹이를 주고, 여왕개미도 살뜰히 돌봐.
갓 만들어진 개미집에서 태어난 일개미는 몸집이 아주 작고 약해서 멀리까지 사냥을 못 나가고,
집 둘레에 죽어 있는 작은 벌레나 씨앗 따위를 물어 와.
시간이 흘러서 일개미가 많아지면 멀리까지 돌아다니며 먹이를 구하지.

사냥한 나비 애벌레를 잘게 나누고 있어.

가시개미 일개미

곰개미 일개미

서로 힘을 모아 먹부전나비를 잡았어.

짱구개미 일개미

땅 위에서 찾은 씨앗을 큰턱으로 물어 집으로 가져가고 있어.

애벌레에게 먹이를 주고 있어.

짱구개미 일개미

여왕개미

고동털개미 일개미

짱구개미 일개미

여왕개미

여왕개미에게 먹이를 가져다주고 있어.

여왕개미 몸을 깨끗하게 청소해 주고 있어.

여러 일개미를 만나 볼까?

일개미는 모두 암컷이야. 모두 여왕개미 딸인 셈이야. 그렇지만 여왕개미와 달리 알을 못 낳아.
일개미가 알을 못 낳게 하는 물질인 '페로몬'을 여왕개미가 내뿜기 때문이야.
하지만 여왕개미 몰래 알을 낳는 일개미도 있어.
개미집이 어느 이상 커지면 페로몬이 닿지 않는 일개미도 있거든.
이런 일개미들은 알을 낳을 수 있어.

시베리아개미 일개미

몸길이가 3밀리미터쯤 돼. 머리는 까맣고, 가슴은 빨개.
배에는 하얀 점이 두 쌍 있지.
시베리아개미는 온 나라에서 볼 수 있어.
산속 돌 틈이나 마른 나뭇가지, 나무껍질 밑에 집을 짓고 나무 위를 잘 돌아다녀.

주름개미 일개미

몸길이가 3밀리미터쯤 돼. 몸빛은 까맣거나 밤색이거나 노래.
이름처럼 몸에 주름이 많아.
주름개미는 온 나라에서 쉽게 볼 수 있어.
산에도 살고 사람이 사는 집 둘레, 도시에서도 살아.
집 안으로 들어오기도 해. 돌 밑이나 돌 틈, 땅속, 썩은 나무에 집을 지어.

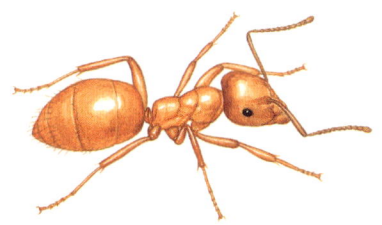

황털개미 일개미

몸길이가 4밀리미터 안팎이야. 온몸이 노래.
황털개미는 온 나라에서 살아.
숲속 땅속이나 커다란 돌 밑에 집을 지어. 공원에서도 볼 수 있어.
땅속에 살면서 땅 위로는 잘 나오지 않아.

빨간장다리개미 일개미

몸길이가 6밀리미터 안팎이야.
머리와 배는 까맣고, 가슴과 배자루마디는 빨개.
빨간장다리개미는 우리나라 남쪽 지방 섬에서 흔하게 볼 수 있어.
어두컴컴한 숲속이나 바위 밭, 썩은 나무, 돌 밑,
이끼 아래나 대나무 안쪽에 집을 짓고 살아.
성질이 아주 사나워서 위협을 느끼면
배를 구부려 벌처럼 침을 쏴.

집을 지키는 병정개미

개미 무리에서 개미집을 지키는 개미가 따로 있어. 바로 '병정개미'지. 이름만 봐도 잘 싸울 것 같지? 병정개미는 다른 개미들이 자기 집에 다가오는지 망을 보고 자기 집에 못 들어오게 막아. 다른 곤충이나 개미, 동물 따위가 집을 공격하면 몰려 나가 맞서 싸우지.

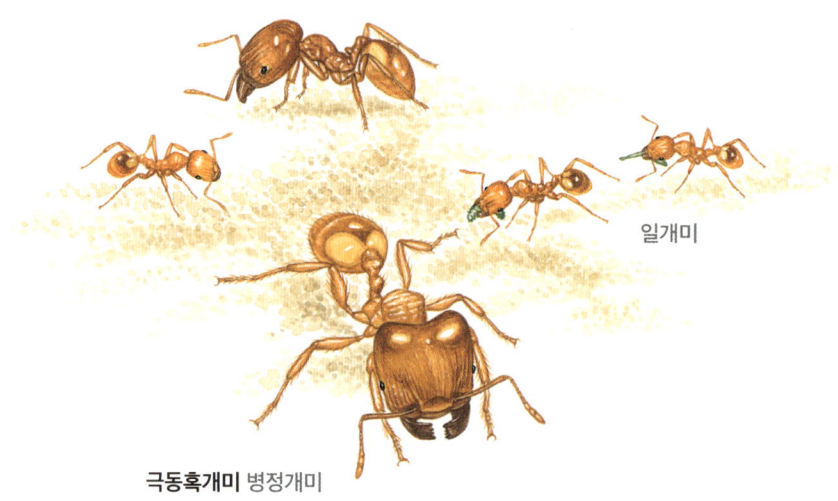

극동혹개미 병정개미

먹이를 물고 가는 작은 극동혹개미 일개미를 몸집이 큰 병정개미들이 지켜 주고 있어.

몸집이 작은 극동혹개미 병정개미들이 자기들보다 몸집이 훨씬 더 큰 곰개미 다리를 물어뜯으며 공격하고 있어.
극동혹개미는 우리나라 어디서나 사는데 특히 중부 지방에서 많이 볼 수 있지.
산속 그늘진 곳에 있는 썩은 나무나 돌 밑, 돌 틈, 땅속에 집을 짓고 살아. 집 둘레와 도시공원에서도 흔하게 보여.

여러 병정개미를 만나 볼까?

병정개미는 싸움을 잘해야 하니까 일개미보다 몸집이 커.
흑개미 병정개미는 날카로운 큰턱으로 다른 개미나 곤충을 조각낼 수 있어.
사람 살갗도 쉽게 벨 수 있을 만큼 큰턱이 날카로워.
그런데 병정개미는 그 개미집에 개미 수가 아주 많아진 뒤에야 알에서 나온대.

인도흑개미 병정개미

몸길이는 4밀리미터 안팎이야.
온몸이 붉은 밤색인데,
머리와 배는 색깔이 더 짙어. 온몸에는 털이 많이 나 있지.
몸에 견주어 머리와 큰턱이 아주 커.
인도흑개미는 우리나라 남부 지방에서 사는데 흔히 보이진 않아.
모래밭 속이나 돌 밑에 집을 짓고 살아.
바닷가처럼 둘레가 탁 트인 곳을 좋아해.

제주왕개미 병정개미

몸길이는 5~7밀리미터쯤 돼.
제주왕개미는 몸 빛깔이 여러 가지야.
몸이 검지만 가슴이 붉기도 하고, 머리와 앞가슴등판, 다리가 붉기도 해.
이름과 달리 온 나라에서 사는데 남부 지방에서 더 많이 볼 수 있어.
산속 썩은 나무 속이나 대나무 속, 돌 틈에 집을 짓고 살아.

네눈개미 병정개미

몸길이는 8밀리미터쯤 돼.
배에는 꼭 눈처럼 생긴 노란 점이 4개 있어.
온몸은 까맣고 다리는 밤색이야.
네눈개미는 온 나라에 살지만 흔히 보이진 않아.
산속 마른 나무에 집을 짓고 살아.

흑색패인왕개미 병정개미

몸길이는 13밀리미터쯤 돼.
온몸이 까맣고 빛을 받으면 번쩍번쩍 빛나. 일본왕개미와 닮았지만,
흑색패인왕개미는 배에 금빛 잔털이 덜하고 더 반짝반짝 빛나.
또 햇볕이 잘 드는 땅속에 집을 짓는 일본왕개미와 달리
산에 있는 나무속 빈 곳이나 썩은 나무 속에 집을 짓고 살아.
흑색패인왕개미는 우리나라에만 사는 개미야.
우리나라 어디서나 사는데, 중부 지방에서 많이 보여.

짝짓기만 하는 수개미

개미집 식구들 가운데 수컷은 오로지 수개미뿐이야.
수개미는 여왕개미나 일개미가 정자 없이 낳은 알에서 태어나.
수개미는 태어날 때부터 날개가 있어. 여왕개미와 짝짓기할 때 하늘로 날아올라야 하거든.

하늘을 날아오르는 곰개미 수개미들
짝짓기 때가 되자 곰개미 수개미들이 땅 위로 올라와 날아오르고 있어.
수개미들은 새로운 여왕개미가 풍기는 페로몬 냄새를 맡고 따라가서 짝짓기해.

곰개미 수개미

곰개미 수개미와 여왕개미가 짝짓기를 하고 있어.
그런데 혼인 비행을 하지 않는 여왕개미도 있어. 침개미 여왕개미는 페로몬을 뿌려서 자기 집으로 수개미를 불러들여.

여러 수개미를 만나 볼까?

수개미는 일개미와 달리 평소에는 아무 일도 안 해.
그러다 짝짓기할 때가 되면 예비 여왕개미와 짝짓기를 하지.
혼인 비행이 끝나면 수개미는 모두 죽어.
그래서 수개미는 짧으면 몇 주에서 몇 달까지밖에 못 살아.

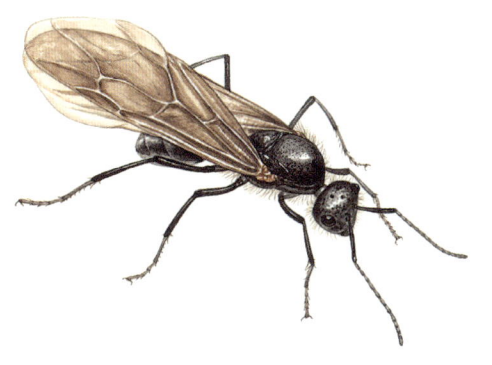

가시개미 수개미

가시개미는 둘레에서 흔하게 볼 수 있는 개미야.
도시에서도 보여. 수개미는 짝짓기하는 10~11월에 볼 수 있지.
수개미 몸길이는 7~8밀리미터쯤 돼.
가시개미는 주로 살아 있는 나무속, 돌 틈, 썩은 나무에서 살아.

갈색발왕개미 수개미

갈색발왕개미는 온 나라 어디서나 볼 수 있지만
남부 지방에서 더 많이 볼 수 있어.
수개미는 짝짓기하는 5~6월에 볼 수 있지.
수개미 몸길이는 9~10밀리미터쯤 돼.
이름처럼 다리가 갈색인 갈색발왕개미는 산속 썩은 나무나
나무뿌리, 돌 밑이나 돌 틈에서 집을 짓고 살아.

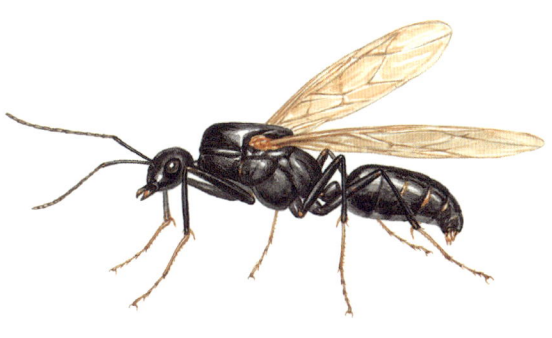

분개미 수개미

분개미는 우리나라 어디서나 살아. 높은 산에서 많이 살고,
때때로 낮은 곳에서도 볼 수 있지.
수개미는 짝짓기하는 7~8월에 볼 수 있어.
수개미 몸길이는 11~12밀리미터쯤 돼.
일개미는 불개미랑 닮았어.

개미 한살이는 어떻게 돌아갈까?

개미집에 사는 모든 식구를 만나 봤으니 이제 개미 한살이가 어떻게 되는지 한번 볼까?
한살이란 곤충이 알에서 애벌레, 번데기를 거쳐 어른벌레로 자라는 과정을 말해.
개미도 곤충이니까 알-애벌레-번데기를 거쳐 일개미가 태어나.
알에서 깨어난 애벌레는 다리가 없어.
그냥 제자리에서 꼼짝도 안 하고 일개미한테서 먹이를 받아먹지.
애벌레가 세 번 허물을 벗고 번데기가 된 뒤 일개미가 되는 데 한 달쯤 걸려.

1. 짝짓기 철이 오면 새로운 여왕개미와 수개미가 혼인 비행을 해.

황털개미 여왕개미

혼인 비행 준비를 마친
황털개미 여왕개미가 날아오르려고 해.

곰개미 수개미

곰개미 수개미가
힘차게 날아오르고 있어.

2. 짝짓기를 마친 여왕개미는 날개를 떼고 땅속에 굴을 파고 들어가 알을 낳아.

3. 여왕개미 보살핌을 받으며 알에서 애벌레가 깨어나.

여왕개미가
낳은 알이야.

막 알에서 나온 애벌레는
여왕개미나 일개미가 주는
먹이를 받아먹으면서 자라.

애벌레는 세 번 허물을 벗고
번데기가 된 뒤 일개미가 돼.
애벌레가 일개미가 되려면
한 달쯤 걸려.

집을 막 짓고 처음 나온 일개미들은
몸집이 아주 작고 약해.
동료 일개미가 많지 않기 때문에
밖으로 멀리 나가지 않고,
집 둘레에 죽어 있는 작은 벌레 따위를
물어와 개미집 살림을 꾸리지.

4. 일개미가 태어나면 여왕개미는 이제 알만 낳아. 일개미는 먹이를 구하고 집을 고치고,
여왕개미와 알, 애벌레, 번데기 들을 돌보는 모든 집안일을 도맡아 해.

곰개미 일개미가
힘을 모아 먹이를 잡았어.

짱구개미 일개미가
애벌레에게 먹이를 나눠 주고 있어.

짱구개미 일개미가
여왕개미를 보살피고 있어.

5. 개미집이 커지고 식구가 늘어나면
이제 병정개미도 나와서 집을 지켜.
여왕개미가 낳은 알에서 예비 여왕개미들도 태어나지.
일개미와는 다른 먹이를 먹으면서 쑥쑥 자라다가
알맞은 때가 되면 하늘로 날아올라 짝짓기를 하고
다시 새로운 개미집을 꾸려.

극동흑개미 병정개미

개미는 이렇게 한살이를 해.
하지만 모든 개미가 다 이렇게 한살이를 사는 것은 아니야. 개미마다 한살이는 조금씩 달라.

개미들은 어떻게 서로 말을 주고받을까?

개미들은 냄새로 이야기를 주고받아. 이 냄새를 영어 낱말로 '페로몬'이라고 해.
일개미가 알을 못 낳도록 여왕개미가 뿜어낸다고 했던 그 페로몬 말이야.
페로몬은 머리나 큰턱, 가슴, 배 같은 곳에서 뿜어 나와.
그때그때 다른 냄새를 풍겨서 동무들에게 여러 상황을 알리지.
동무들을 부르기도 하고, 적을 가려내기도 해. 그 가운데 중요한 페로몬에는 어떤 것들이 있을까?

짱구개미 일개미들이
서로 더듬이를 부딪치면서
이야기를 나누고 있어.

짱구개미 일개미

길잡이 페로몬

조그만 개미는 어떻게 멀리까지 먹이를 찾으러 갔다가 무사히 집으로 돌아올까?
그리고 딴 개미가 찾은 먹이에 몰려들까?
먼저 일개미들은 개미집 밖으로 나오면 넓게 흩어져서 먹이를 찾아.
그러다 누군가 먹이를 찾아내면 집으로 돌아오는 길을 따라 길잡이 페로몬을 뿌려.
그러면 다른 일개미들이 이 냄새를 따라 찾아가서 먹이를 물어다 집으로 나르지.
이 냄새는 시간이 지날수록 옅어지다가 사라져.

먹이를 찾은 그물등개미 일개미가 꽁무니를 바닥에 대고
길잡이 페로몬을 풍기며 집으로 가. 그러면 다른 일개미들이
그 냄새를 따라가 먹이를 찾고, 잘게 부수어 집으로 나르지.

그물등개미 일개미

그물등개미 일개미들이 앞선 개미가 뿌린
길잡이 페로몬을 따라 줄을 맞추어 움직이고 있어.

경보 페로몬

천적이 집을 공격하면 개미는 재빨리 경보 페로몬을 뿜어.
그러면 동무들이 냄새를 맡고 몰려들어 함께 싸우거나 집을 지키지.
경보 페로몬을 뿜을 때는 배를 위로 곧추세워서 냄새가 널리 퍼지게 해.
어떤 개미들은 경보 페로몬을 뿜으며 배로 둘레를 두들겨서 동무들에게 위험을 알리기도 해.

검정꼬리치레개미 일개미

검정꼬리치레개미 일개미가 꽁무니를 바짝 치켜올리고 경보 페로몬을 뿜어내고 있어.

베짜기개미 일개미

베짜기개미 일개미가 꽁무니를 바짝 올려 경보 페로몬을 풍기고 있어.

여러 가지 개미집

사람들은 사는 곳과 사는 집이 모두 다르지?
개미들도 마찬가지야.
개미는 꼭 땅속에만 집을 짓지 않아.
나무 위, 나뭇잎이나 줄기 사이, 도토리 같은 열매 속,
썩은 나무나 나무껍질 밑, 바위틈 같은 곳에 여러 모양으로 개미집을 만들지.
아예 집을 안 짓고 사는 개미도 있어.

나뭇잎을 엮어 집을 짓는 베짜기개미

베짜기개미는 호주, 아프리카, 동남아에 널리 사는 개미야. 나무 위에 살면서
나뭇잎을 실로 엮어서 집을 짓지. 그 모습이 마치 베를 짜는 것 같다고 이런 이름이 붙었대.
그럼 베짜기개미들이 나뭇잎을 어떻게 엮어 집을 짓는지 한번 볼까?

먼저 수많은 베짜기개미 일개미들이 잎에 쭉 늘어서서
나뭇잎 한쪽 가장자리를 큰턱으로 붙들어.
그리고 다 같이 힘을 모아 다른 잎 가장자리까지
맞붙도록 힘껏 끌어당기지.

애벌레가 내뿜은 실

이렇게 두 이파리가 가까워지면
베짜기개미 일개미가 애벌레를 물고 와.
그런 다음 양쪽 나뭇잎 가장자리를
왔다 갔다, 바삐 오가지. 뭘 하는 걸까?
베짜기개미 애벌레가 내뿜는 끈적끈적한 실을
접착제로 쓰는 거야. 이러면 실이 양쪽 잎 가장자리 사이에
촘촘하게 이어져. 이렇게 해서 양쪽 잎을 꿰매듯 붙이는 거야.

이렇게 여러 잎사귀를 끈적끈적한 실로
촘촘히 이어서 붙이면 개미집이 완성돼.
베짜기개미는 축구공만 한 집을 짓기도 해.

나무 위에 집을 짓는 꼬리치레개미

나무 위에 집을 짓는 또 다른 개미로 꼬리치레개미 무리도 있어.
꼬리치레개미 가운데 몇몇 종류는 흙과 분비물을 섞어 만든 반죽을 나무에 단단히 붙여서 집을 지어.
또 다른 종류는 강한 턱으로 나무 속 썩은 부분을 파고들어 간 뒤 거기에 집을 짓고 살지.

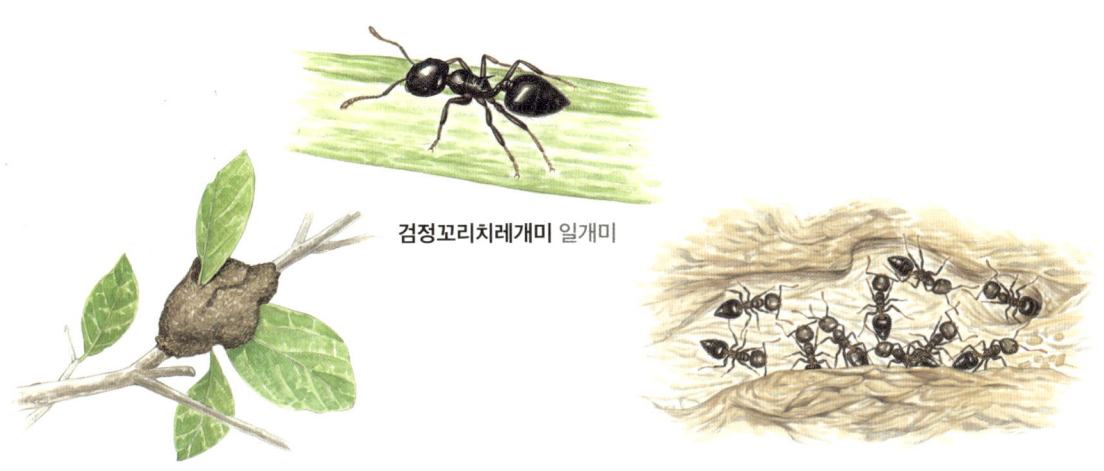

검정꼬리치레개미 일개미

다른 나라에 사는 꼬리치레개미는
나뭇가지에 벌집처럼 단단한 집을 지어

우리나라에 사는 검정꼬리치레개미는
썩은 나무 속에서 살아.

개미총을 짓는 불개미

불개미는 바늘잎나무 숲 햇볕이 잘 드는 곳에 나뭇잎을 볼록하게 쌓아 집을 만들어.
이런 집을 '개미총'이라고 해. 유럽에 사는 몇몇 불개미는 사람 키만 한 개미총을 짓기도 한대.
불개미는 여러 개미총을 이어서 한 집으로 써. 개미총 안은 바람이 잘 통하고,
온도와 습도가 일정해서 아주 살기 좋아.

불개미는 매우 사나워. 위협을 느끼면
엉덩이를 치켜들고 개미산을 물총처럼 쏘거든.
얼굴에 맞으면 아주 따갑고
살갗에 두드러기가 돋기도 해.

유럽에 사는 불개미가 쌓아 올린 개미총이야.
개미총 높이가 사람 키만큼 높아.
개미총에 사람이 가까이 가면
불개미들이 한꺼번에 공격하니 조심해!

집을 짓지 않고 사는 군대개미

군대개미는 한 종을 일컫는 이름이 아니야. 군대를 이루어 돌아다니고,
떼를 지어 사냥을 하는 개미 종류를 모두 군대개미라고 해.
군대개미는 다른 개미와 달리 땅속에 집을 안 짓고 여기저기 먹잇감을 찾아다니며 살아.
길고 날카로운 턱으로 다른 개미나 딱정벌레, 메뚜기, 거미뿐만 아니라
전갈처럼 몸집이 큰 벌레까지 닥치는 대로 사냥해.

군대개미는 주로 열대 우림이나 우거진 숲 여기저기를 돌아다니며 살아.

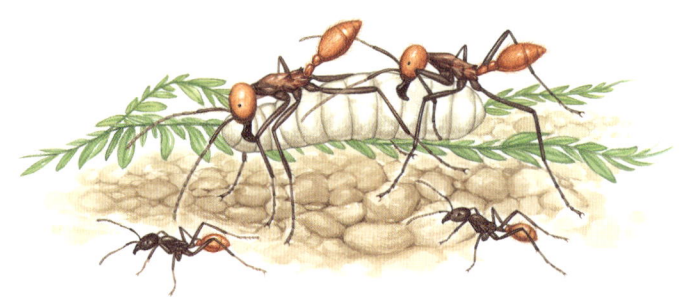

군대개미는 자기 애벌레와
번데기도 함께 데리고 돌아다녀.

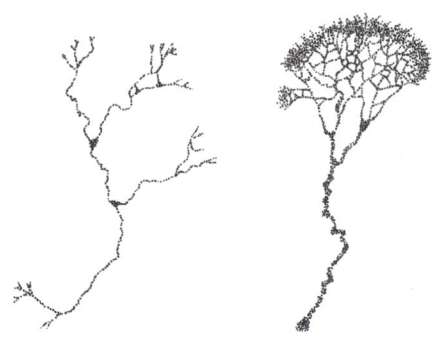

군대개미 일개미들은 평소에 왼쪽 그림처럼 움직이다가
사냥을 할 때는 오른쪽 그림처럼 부채꼴로 넓게 퍼져.

군대개미 무리는 사냥이 끝나고 밤이 되면
나무둥치나 바위틈 같은 곳에 모여서 쉬어.

떠돌아다니며 사는 그물등개미

우리나라 어디서나 흔히 볼 수 있는 그물등개미도 집을 짓지 않아.
대신 몸을 숨길 만한 곳에 잔뜩 모여 있다가 수백 미터씩 줄을 지어 이동하지.
그물등개미는 일정하게 머무는 곳이 없어.
이리저리 돌아다니다가 돌 아래, 썩은 나무, 나무껍질 밑에서 잠깐씩 살아.

그물등개미 일개미도 군대개미처럼
자기 애벌레와 번데기를 데리고 옮겨 다녀.

온몸에 그물처럼 생긴 주름이 있어서
이런 이름이 붙었어.

그물등개미 일개미

그물등개미가 가랑잎 밑에 모여 쉬고 있어. 옛말에 개미가 떼 지어 가면 비가 많이 온다는 말이 있어.
아마 그물등개미가 가는 걸 보고 만든 말일 가능성이 높아.
그물등개미는 비가 오면 무리가 통째로 떠내려갈 수 있어서 평소에도 날씨에 민감하거든.

동굴에 사는 동굴장다리개미

살기 어려운 곳에 적응하며 사는 개미도 있어.
동굴장다리개미는 2017년 일본 오키나와에 있는 동굴에서 처음 발견했어.
한평생 동굴 안에서만 살기 때문에 다른 곳에서는 찾아볼 수 없는 아주 독특한 개미야.

동굴장다리개미가 사는 동굴 속 모습이야.
동굴에서 사는 생물은 동굴 안에서만 사는 생물과 동굴 안과 밖에서 모두 살 수 있는 생물로 나뉘어.
컴컴한 동굴 안에서만 사는 생물들은 겹눈이 사라지고, 색소가 없어서 몸이 하얀 경우가 많아.

어두컴컴한 동굴에는 먹을 것이 거의 없어.
동굴장다리개미가 박쥐 똥인 구아노를 물고 다니는 것으로 보아 아마도 구아노를 먹고 사는 것 같아.

사막에 사는 은개미

은개미는 아프리카 사하라 사막에 살아. 열에 잘 견디는 단백질을 스스로 만들어 낼 수 있어서 타는 듯이 뜨거운 모래 위에서도 버틸 수 있지. 온몸을 덮은 은빛 털은 햇빛을 반사하고 몸속 열을 내보내. 은개미는 하루에 십 분 남짓 동안만 집 밖으로 나와 먹이를 구해.

은개미가 사는 사하라 사막이야.
한낮에는 기온이 50도까지 올라갈 만큼 덥고 메마른 곳이지.

은개미 일개미

은개미 일개미는 다리가 매우 길어.
1초에 0.7미터를 달릴 수 있지.
그래서 실제로 보면 개미라고
생각하기 힘들 만큼 빨라.

높은 산에서 사는 뿔개미

뿔개미나 오스톤개미 무리는 북반구에 있는 매우 높은 산에서 살아.
높은 곳으로 올라갈수록 많이 보이지. 그리고 지구 온난화 같은 기후 변화에 아주 민감하대.

북방뿔개미는 높이 1,000미터가 넘는 산에서도 잘 살아.

북방뿔개미 일개미

북방뿔개미는 우리나라 중부 지방에 있는
높은 산에서 살아.
앞이 탁 트인 풀밭이나
돌 아래나 풀뿌리 밑에 집을 짓지.
꽁무니 침에 쏘이면 따끔해.

개미는 어떻게 먹고살까?

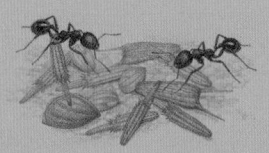

수많은 개미가 한 줄로 쭉 바쁘게 가는 것 본 적 있어?
어디를 그리 바쁘게 가는 걸까?
그 뒤를 따라가 보면 아마 먹이를 찾은 개미를 볼 수 있을 거야.
개미는 뭐든 가리지 않고 먹어.
땅에 떨어진 사탕도 먹고, 죽은 벌레도 먹고, 작은 씨앗도 먹지.
찾은 먹이는 혼자 다 먹지 않고 집에 있는 애벌레와 여왕개미에게 갖다줘.
또 먹이를 모아 두었다가 나중에 먹기도 하지.
그럼 개미가 무엇을 먹는지 한번 살펴볼까?

곡식을 거두어들이는 짱구개미

가을이 되면 농부들은 곡식을 거두어들이기 바빠.
그런데 사람말고도 곡식을 거두어들이느라 바쁜 개미가 있어.
바로 '수확 개미'라고 불리는 개미야. 우리나라에는 짱구개미가 그래.
짱구개미는 가을에 씨앗을 모아 겨울을 나는 개미야.
가을이 되면 바닥에 떨어진 식물 씨앗을 입에 물고 저마다 집으로 돌아가.
집으로 물고 온 씨앗은 큰턱으로 쪼개서 애벌레들에게 나누어 먹이고,
남은 씨앗은 집 안 깊숙한 곳에 모아 두었다가 이듬해 가을까지 알뜰하게 먹어.

짱구개미 일개미

짱구개미가 여러 가지 씨앗을 물고 집으로 가고 있어.

짱구개미가 씨앗을 큰턱으로 잘게 쪼개서
애벌레에게 나누어 먹이고 있어.

짱구개미는 집 안에 씨앗을 잔뜩 모으면 밖에 잘 나오지 않아.
그래서 짝짓기를 하는 이른 봄과
씨앗을 모으러 다니는 가을철에만 볼 수 있어.

버섯 농사를 짓는 가위개미

개미는 사람보다 훨씬 먼저 농사를 짓고 살았어.
중남미 열대림에 사는 가위개미(잎꾼개미)가 농사짓는 모습을 한번 볼까?
가위개미는 무리 지어 숲을 돌아다니며 큰턱으로 잎이나 꽃잎을 오려.
그리고 집으로 가져와 이파리를 더 잘게 자르고, 똥과 섞어서 기름진 텃밭을 만들지.
가위개미는 이 텃밭에서 버섯을 길러 먹어.

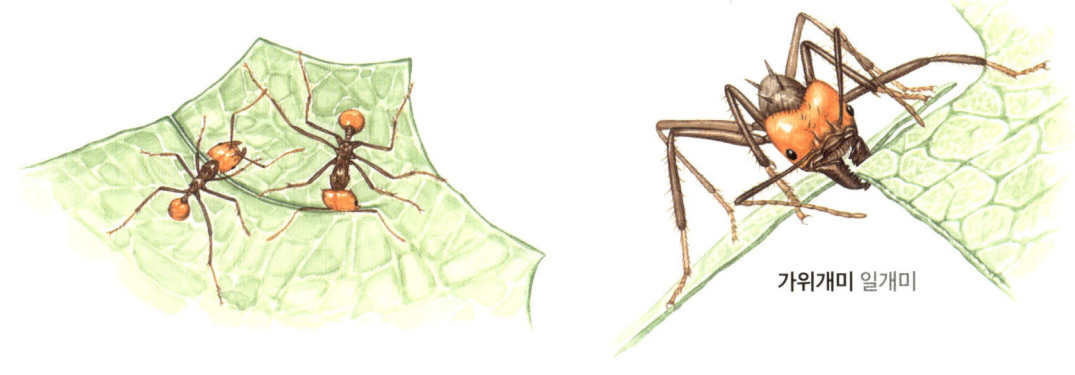

가위개미 일개미

가위개미가 큰턱으로 이파리를 둥그렇게 자르고 있어.

둘레에 기생파리 없음!

가위개미들이 이파리를 잘라서 집으로 돌아가고 있어. 그런데 이파리 위에 작은 가위개미가 왜 올라갔을까?
그건 둘레에 기생파리가 있는지 살피기 위해서야. 기생파리는 가위개미 몸에 알을 낳는 천적이거든.

가위개미가 개미집 안에서
버섯 텃밭을 가꾸고 있어.
이 텃밭에 뿌린 버섯은 여왕개미가
혼인 비행을 하기 전에 본래 살던
개미집에서 가지고 나온 거야.

배 속에 꿀물을 모으는 꿀단지개미

꿀단지개미는 말 그대로 몸이 꿀단지인 개미야.
배가 항아리처럼 둥그렇게 부풀었는데,
그 속에 정말 꿀단지처럼 꿀물이 들어 있어.
꿀단지개미는 아주 메마른 땅에서 여러 가지 벌레를 잡아먹고 살아.
그런데 먹이가 모자랄 때를 위해 몇몇 일개미들이 배 속에 꿀물을 모아.
꿀단지개미는 위장이 두 개거든. 하나는 자기가 먹은 걸 소화하는 위장이고,
또 하나는 동료와 나눠 먹을 먹이를 모으는 곳이지. 이런 위장을 '사회성 위'라고 해.
그래서 이 개미들은 다른 개미와 달리 돌아다니지 못하고 한곳에 모여 있어.
그러다 배고픈 개미가 먹이를 달라고 오면 입으로 먹이를 토해
배고픈 개미에게 나눠 주지. 살아 있는 곳간인 셈이야.

꿀단지개미가 사는 곳

배에 꿀물이 가득 찬 꿀단지개미 일개미들은
돌아다니지 못하고
개미집 한군데에 모여 매달려 있어.

꿀단지개미 일개미

배고픈 동료 개미가 와서
더듬이로 톡톡 건드리면 꿀단지개미는
사회성 위에서 먹이를 토해 입으로 나눠 줘.

배 속에 모은 꿀물 때문에 배가 한껏 부풀어 오른 꿀단지개미와
그렇지 않은 보통 꿀단지개미 일개미 크기를 한번 견주어 봐.

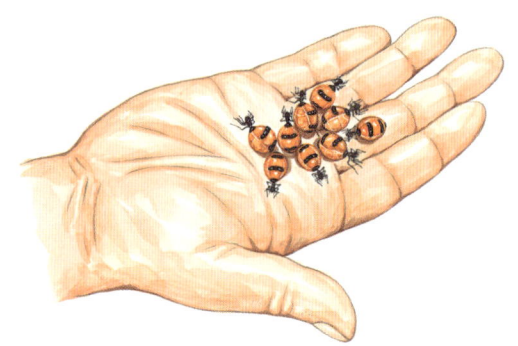

꿀을 모으는 꿀단지개미 일개미는 보통 일개미보다
100배 넘게 배가 늘어나. 거의 포도알만 하지.

자기 애벌레 피를 빨아 먹는 톱니침개미

톱니침개미는 먹이를 아주 독특하게 먹는 개미야. 먼저 지네 같은 먹이를 잡아 마취한 뒤에 보금자리로 끌고 오면, 애벌레들이 먹이에 붙어서 살을 뜯어 먹어. 그 뒤에 톱니침개미가 자기 애벌레에 상처를 낸 뒤 그 피를 빨아 먹지. 그래서 톱니침개미를 '드라큘라 개미'라고도 해.

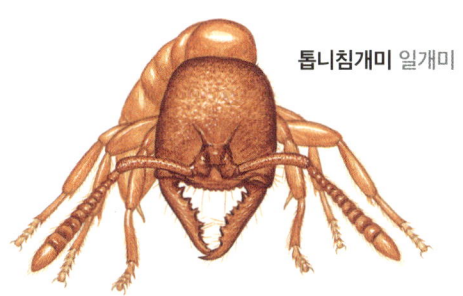

톱니침개미 일개미

톱니침개미는 다른 개미와 다르게 큰턱에 뾰족뾰족한 톱날이 잔뜩 나 있어. 이러한 입 생김새 때문에 먹이를 잘 뜯어 먹지 못해. 그래서 이렇게 독특하고 무시무시한 방법으로 먹이를 먹는 거야.

톱니침개미들이 큰턱으로 지네를 잡아 마취시키고 있어.

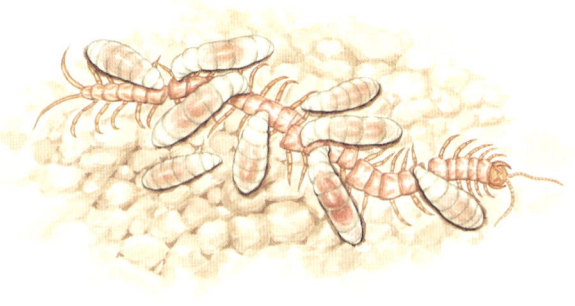

집으로 가져온 지네에 톱니침개미 애벌레들이 달라붙어 살을 뜯어 먹어.

톱니침개미는 자기 애벌레 몸에 상처를 내고 그 피를 빨아 먹어.

호주에 사는 톱니침개미야. 자기 애벌레 피를 빨아 먹고 있어.

톱니침개미는 자기 애벌레가 크는 데 아무 문제없을 만큼만 피를 빨아 먹는대. 그래서 애벌레는 튼튼한 톱니침개미로 자랄 수 있어.

벌레 알을 사냥하는 배굽은침개미

배굽은침개미는 이름처럼 배가 완전히 굽어 있어.
배굽은침개미는 곤충이나 거미 같은 절지동물 알을 사냥해서 먹어.
알을 찾으면 배 안쪽에 끼워서 집까지 옮기지.

배굽은침개미 일개미

배굽은침개미가 굽은 배에 알을 끼워 집으로 가져가고 있어.

배굽은침개미 애벌레가 벌레 알을 먹고 있어.

큰턱으로 벌레를 잡는 비늘개미

비늘개미는 땅 위에 사는 다른 벌레를 잡아먹어. 평소에는 큰턱을 양쪽으로 쫙 벌리고 돌아다니다가 이마에 돋은 털에 먹이가 닿으면 눈 깜짝할 사이에 턱을 닫아 먹이를 잡지.

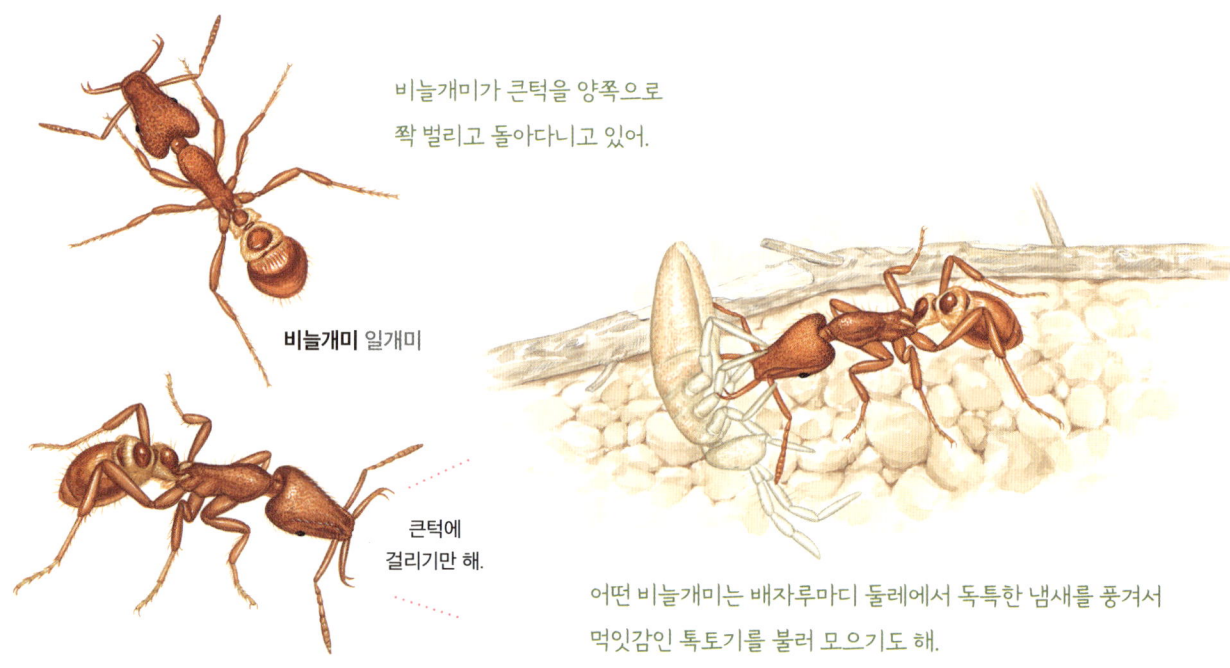

비늘개미가 큰턱을 양쪽으로 쫙 벌리고 돌아다니고 있어.

비늘개미 일개미

큰턱에 걸리기만 해.

어떤 비늘개미는 배자루마디 둘레에서 독특한 냄새를 풍겨서 먹잇감인 톡토기를 불러 모으기도 해.

다른 개미집에서 먹이를 훔치는 열마디개미

스스로 먹이를 구하는 대신 다른 개미집에 몰래 들어가 도둑질하는 개미도 있어.
열마디개미는 다른 개미집 둘레에 집을 짓고 작은 땅굴을 파.
그 땅굴을 통해 다른 개미집에 숨어들어서 알이나 애벌레를 훔쳐 오지.
그래서 '도둑 개미'라고도 해.

열마디개미 일개미

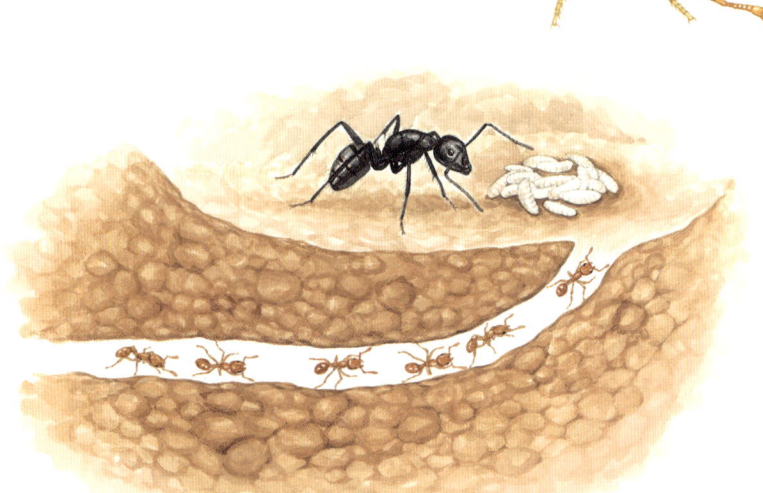

열마디개미들이 작은 굴을 파서
옆 개미집에 숨어들고 있어.
열마디개미는 몸길이가
1.5밀리미터밖에 안 될 만큼 작아서
잘 들키지 않아.

다른 개미집에 숨어든
열마디개미는 재빨리
알과 애벌레를
훔쳐서 달아나.

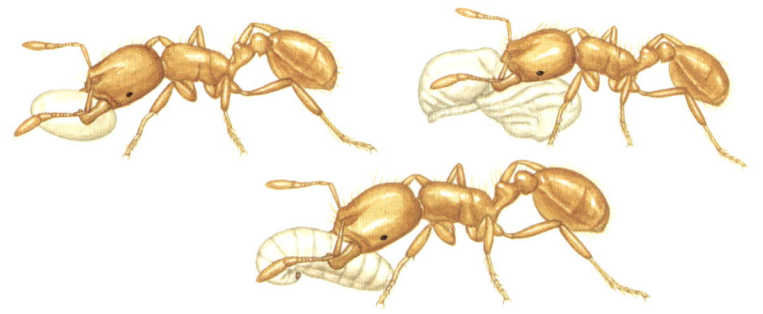

열마디개미들이 먹이로 삼으려고
도둑질한 알과 애벌레를 가지고
집으로 돌아오고 있어.

개미는 어떻게 스스로를 지킬까?

개미들은 저마다 여러 가지 방법으로 자기 몸을 지켜.
때로는 여러 마리가 마치 한 몸처럼 움직여서 자기 집을 지키지.
개미들이 집을 지키는 방법을 한번 살펴볼까?

머리로 입구를 막는 넓적다리왕개미와 거북이개미

넓적다리왕개미는 제주도나 완도 같은 남부 지방에서 볼 수 있어.
나무줄기나 아주 딱딱한 죽은 나무 속에 집을 지어. 그리고 둥근 이마방패로
개미집 입구를 막아서 집을 지키지. 자기 식구가 문을 두드리면 그제서야 머리를 치워서
들어올 수 있도록 해. 다른 개미나 천적이 오면 이마로 굴을 꽉 막고 열어 주지 않지.

개미집 입구를 지키는 넓적다리왕개미 병정개미는 천적은 물론이고 같은 넓적다리왕개미여도
자기 식구가 아니면 절대 문을 열어 주지 않아.

중남미 대륙에 사는 거북이개미는 아예 머리 모양이 방패처럼 넓적하게 바뀌었어.
이 넓적한 머리로 개미굴 입구를 꼭 막고 있지.

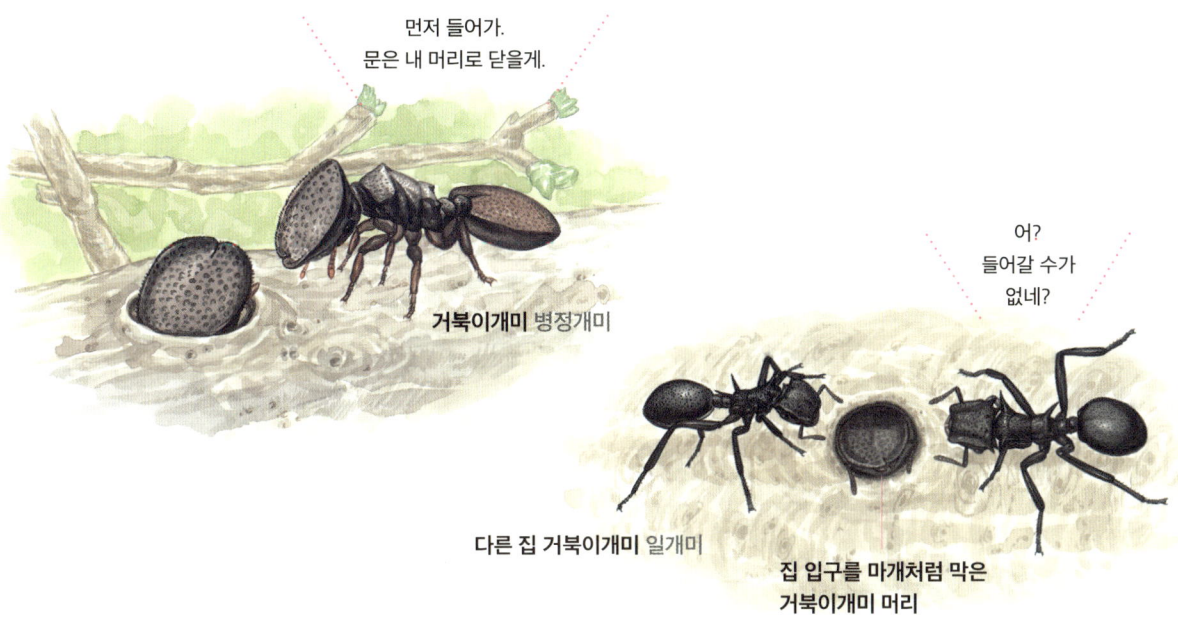

스스로 폭발하는 자폭개미

자폭개미는 집을 지키기 위해 자기 몸을 내던져. 2018년 말레이시아에서 처음 찾은 이 개미는 큰턱 샘에 독이 든 끈적끈적한 물질이 가득해. 천적을 만나면 순식간에 큰턱 샘을 부풀려 터뜨리지. 끈끈한 독을 뒤집어쓴 천적은 더 이상 개미를 공격하지 못해. 몸이 터진 자폭개미 역시 더 살지 못하지.

개미는 어떻게 스스로를 지킬까? 49

튕기기 대장 톱니침개미

톱니침개미는 커다란 큰턱으로 적을 튕겨 버려.
먼저 큰턱을 꼭 닫은 뒤에 힘을 꽉 줘서 턱이 서로 엇갈리게 해.
그런 뒤에 천적이 가까이 오면 큰턱을 활짝 벌리며 튕기지.
이때 튕기는 힘이 엄청나서 때로는 천적이 산산조각 나기도 해.

톱니침개미

톱니침개미가 턱을 튕기는 속도는
사람이 눈을 한 번 깜박이는 속도보다
5000배나 빨라. 굉장하지?
이 속도는 생물이 낼 수 있는 가장 빠른 속도야.

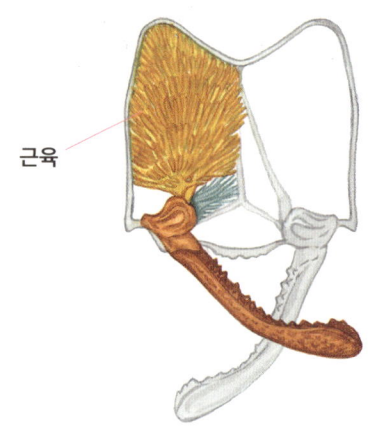

톱니침개미 머리턱 구조

톱니침개미 머릿속에는 수많은 근육이 있어서
큰턱을 세게 오므렸다가 재빠르게 튕길 수 있어.

덫개미

덫개미는 톱니침개미와 다르게 재빠르게
큰턱을 닫아 먹이를 잡는 개미야.
덫개미가 큰턱을 닫아 먹이를 잡는 속도는
톱니침개미 다음으로 빨라.

흰개미

개미는 아니지만 흰개미 무리 가운데
비슷한 행동을 하는 흰개미가 있어.
파나마에 사는 흰개미는 큰턱 양쪽이 다르게 생겼어.
이 흰개미는 쏠려 있는 한쪽 큰턱에 강한 힘을 줘서
천적을 튕겨 내고 자기 집과 식구를 지킨대.

개미를 흉내 내는 곤충들

개미는 작지만 만만치 않은 곤충이야. 웬만한 벌레들은 개미를 쉽게 어쩌지 못해.
그래서 개미 생김새와 하는 짓을 따라 하며 천적을 피하는 벌레들이 있어.
이런 행동을 '흉내 내기', '의태'라고 해.
노린재 애벌레, 대벌레 애벌레, 사마귀 애벌레, 몇몇 뿔매미가 개미를 따라 해.
개미집 둘레에 숨어 있다가 개미를 잡아먹는 개미거미들도 개미와 생김새가 매우 닮았어.

뿔매미 종류

남미 대륙에 살면서 거북이개미를
흉내 내는 뿔매미 종류야.

애기사마귀 종류 애벌레

갓 태어난 애기사마귀 애벌레는
개미를 똑 닮았어.

언뜻 보면 다리가 긴 개미 같지만 실은 거미야.
개미는 다리가 여섯이지만 거미는 여덟 개거든.

베짜기개미를 흉내 내는 거미야.
다리를 한번 세어 봐.

참개미붙이   **가슴빨간개미붙이**   **불개미붙이**

딱정벌레 가운데 참개미붙이나 가슴빨간개미붙이, 불개미붙이는 개미와 닮았어. 그래서 이름도 개미붙이라고 해.

빼앗고 빼앗기는 개미들

개미들은 모두 부지런히 일하는 곤충으로 다들 알고 있지?
그런데 개미 가운데 열심히 일하지 않고 사는 개미도 있어.
여왕개미가 다른 개미집에 들어가 여왕 행세를 하며 다른 개미를 부리기도 하고,
다른 개미집에 몰래 들어가 사는 개미도 있어.
또 다른 개미 애벌레나 번데기를 훔쳐 와서 거기서 나온 개미를 부려 먹는 개미도 있지.
어떤 개미가 그런지 한번 볼까?

다른 개미집을 빼앗는 가시개미

쌀쌀한 가을 무렵, 겨울잠 준비를 하는 다른 개미들과 달리 가시개미는 짝짓기하느라 바빠. 보통 여왕개미는 짝짓기 비행을 마치면 땅으로 내려와 작은 굴을 파고 새 보금자리를 꾸며. 그런데 가시개미는 그렇지 않아. 일본왕개미 집을 빼앗아 자기 집으로 삼거든. 어떻게 집을 빼앗는지 살펴볼까?

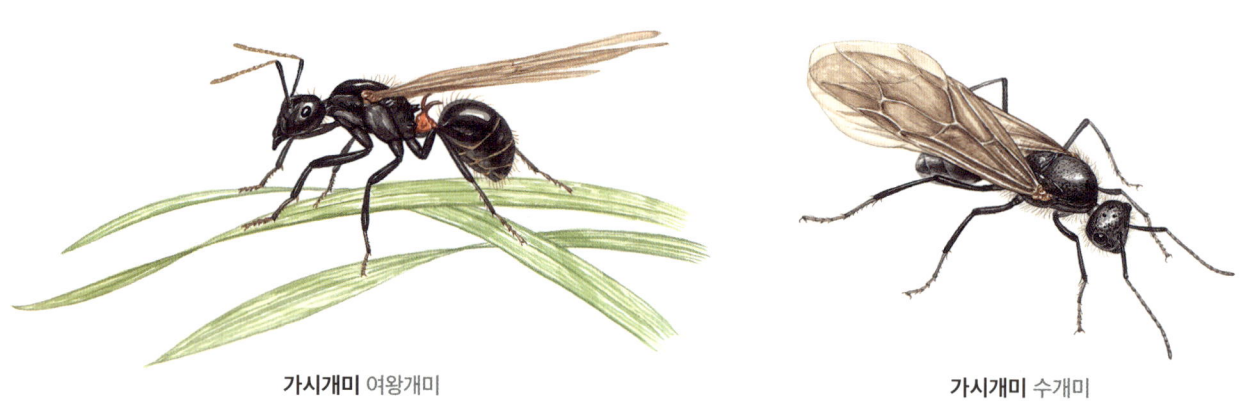

가시개미 여왕개미　　　　　　　　　　　　**가시개미** 수개미

1. 짝짓기를 마친 가시개미 여왕개미는 이리저리 걸어 다니면서 일본왕개미 집을 찾아.
   날씨가 쌀쌀해지면 일본왕개미들은 힘을 제대로 못 쓰거든. 가시개미 여왕개미는 이 점을 알고 일본왕개미 일개미를 한 마리 잡아. 그러고는 자기 몸에 일본왕개미 일개미 냄새를 잔뜩 묻혀. 개미들은 '페로몬'이라는 화학 물질을 몸에서 내뿜어 그 냄새로 적과 동료를 구분해. 그래서 일본왕개미들이 가시개미 여왕개미를 자기 동료라고 착각해서 공격하지 않아.

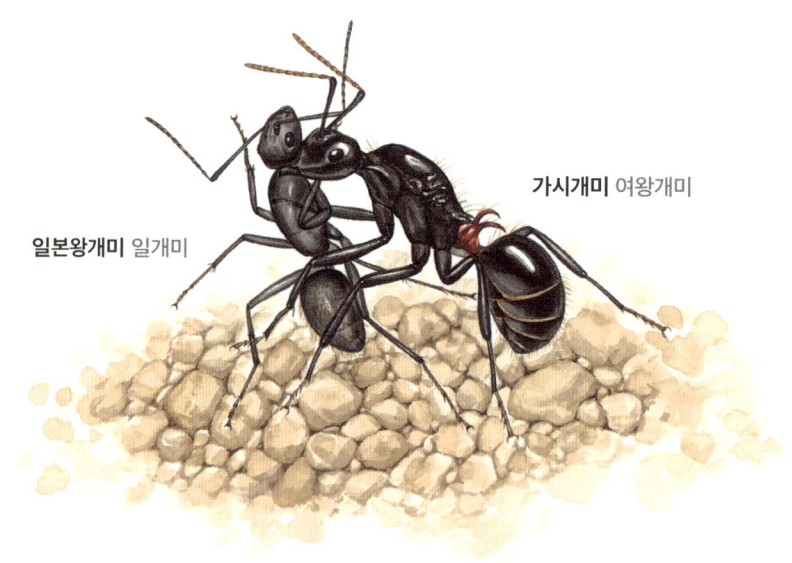

가시개미 여왕개미가 일본왕개미 일개미를 공격하고 있어.

2. 이렇게 일본왕개미 집 안으로 들어간 가시개미 여왕개미는 일본왕개미 여왕개미를 찾아내서
자기 몸에 냄새를 묻힌 뒤 죽여. 그러고는 가짜 일본왕개미 여왕개미 행세를 해.
일본왕개미들은 자기들이 따르던 여왕개미 냄새가 나니까 감쪽같이 속아 넘어가지.
이제 가시개미 여왕개미는 수백 수천 마리 일본왕개미 일개미를 자기 마음대로 부릴 수 있게 되었어.
가시개미 여왕개미가 알을 낳으면 일본왕개미 일개미들은 가시개미 알과 애벌레들을 열심히 돌보지.

일본왕개미 여왕개미

가시개미 여왕개미는
자기보다 훨씬 큰
일본왕개미 여왕개미 위에
올라타서 물고 늘어져.

가시개미 여왕개미

일본왕개미 일개미

가시개미 여왕개미는
일본왕개미 일개미들이
바치는 먹이를 넉넉하게 먹으면서
굴 안쪽에 자기 알을 낳아.

3. 가시개미 일개미가 많이 태어나면, 가시개미 여왕개미는 자기 무리를 데리고 땅 위로 나와.
그리고 둘레 나무 틈이나 바위틈에 집을 짓지.
그럼 여왕개미가 사라진 일본왕개미들은 어떻게 될까?
남은 일본왕개미들은 몇 달 동안 그럭저럭 살아. 하지만 여왕개미가 없으면
더 이상 새로운 일개미가 태어나지 않기 때문에 결국 모두 죽고 말아.

가시개미 여왕개미가
자기 일개미 무리와 함께
일본왕개미 집을 빠져나오고 있어.

같은 무리 집을 빼앗는 황털개미

가시개미 말고 황털개미나 민냄새개미 같은 털개미들도 다른 개미집을 빼앗아.
이 개미들은 자기들과 비슷한 무리인 고동털개미, 하야시털개미, 누운털개미 개미집을 빼앗지.
집을 빼앗는 개미들은 저마다 독특한 방법을 써서 들키지 않고 다른 개미집으로 들어가.

집을 빼앗는 털개미

황털개미 일개미

민냄새개미 일개미

집을 빼앗기는 털개미

고동털개미 여왕개미

누운털개미 일개미

하야시털개미 일개미

황털개미와 민냄새개미는 어떻게 다른 개미집을 빼앗을까?

황털개미 여왕개미
고동털개미 일개미

황털개미 여왕개미가 고동털개미 집을 엿보다가 고동털개미 일개미 한 마리를 재빨리 물어 죽여.

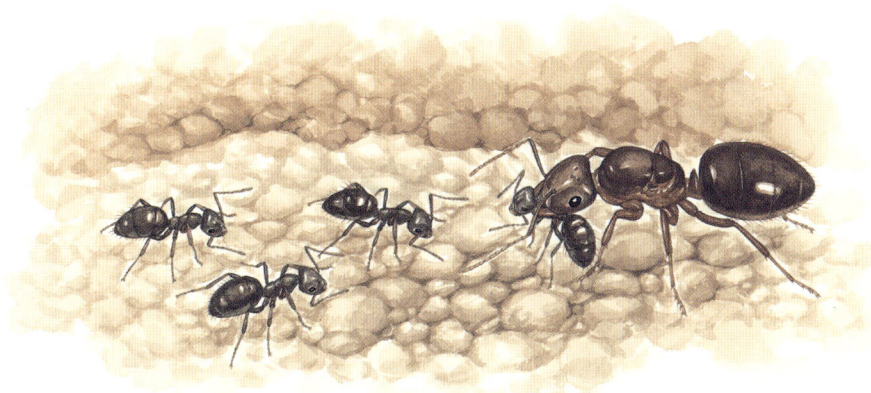

그러고는 죽은 개미를 입에 물고 고동털개미 집으로 들어가.
고동털개미 일개미들은 동료 냄새가 나는 황털개미 여왕개미에게 속아서 길을 터 주지.
황털개미 여왕개미는 굴 깊숙한 곳까지 내려가 고동털개미 여왕개미를 찾아 죽이고 가짜 여왕개미 노릇을 해.

하야시털개미 여왕개미
민냄새개미 여왕개미

민냄새개미 여왕개미도 다른 개미집에 들어가지만 원래 살던 여왕개미를 죽이지는 않아.
처음에는 그냥 두 마리가 함께 지내지. 하지만 개미들은 한 집에 두 여왕개미를 섬기지 않거든.
결국 일개미들은 진짜 자기들 여왕개미를 알아보지 못하고 죽인대.

다른 개미를 노예로 삼는 사무라이개미

사무라이개미는 우리나라와 일본에 살아.
이 개미는 다른 개미집을 빼앗을 뿐만 아니라 다른 개미를 납치해 와서 부려 먹어.

곰개미 일개미

사무라이개미 일개미

다른 개미와 달리 사무라이개미는 큰턱에 이빨이 하나도 없고 낫처럼 매끈해. 그래서 혼자서는 먹이를 잘 먹지 못하고, 물도 못 마시지. 하지만 이렇게 생긴 큰턱 덕분에 싸움을 잘하고, 다른 개미 고치를 쉽게 물고 나를 수 있어.

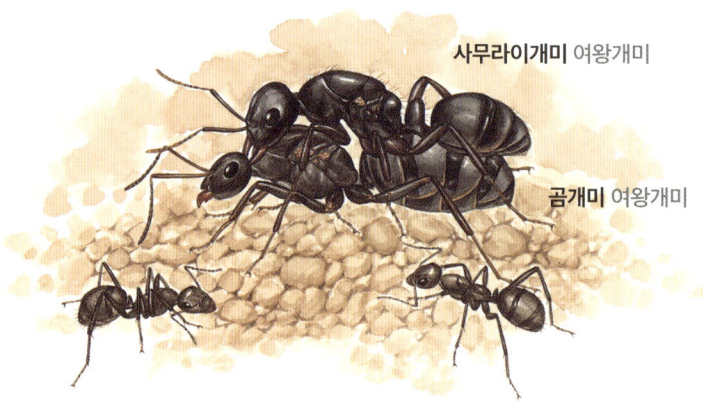
사무라이개미 여왕개미
곰개미 여왕개미

사무라이개미 여왕개미는 앞선 가시개미처럼 곰개미 집에 들어가서 곰개미 여왕개미를 죽이고 곰개미 집을 차지해. 곰개미 집을 빼앗은 사무라이개미 여왕개미는 알을 낳아서 사무라이개미 일개미를 키우지.

곰개미 일개미
사무라이개미 일개미

사무라이개미 일개미 무리가 커지면 다른 곰개미 집을 공격할 준비를 해. 일개미 몇몇이 둘레에 있는 곰개미 집을 찾으면 눈 깜짝할 사이에 사무라이개미 일개미가 떼를 지어 곰개미 집으로 쳐들어가.

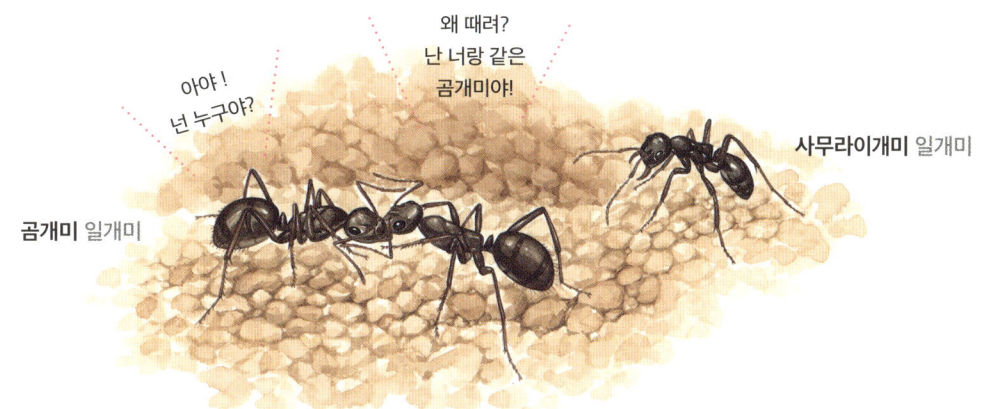

곰개미들이 사무라이개미와 맞서지만 당해 낼 수가 없어. 사무라이개미가 풍기는 독특한 냄새 때문이야.
이 냄새는 '선전 페로몬'이라고 해. 곰개미 일개미가 이 냄새를 맡으면
누구와 싸워야 할지 헷갈려 하다가 자기들끼리 싸우게 돼.

곰개미들이 자기들끼리 싸우며 우왕좌왕할 때,
사무라이개미 일개미들은 곰개미 집에서
애벌레와 고치를 훔쳐 와.
이렇게 며칠 또는 몇 주 사이를 두고 훔치는
곰개미 애벌레와 고치 수가 한 해 동안 14,000개나 돼!

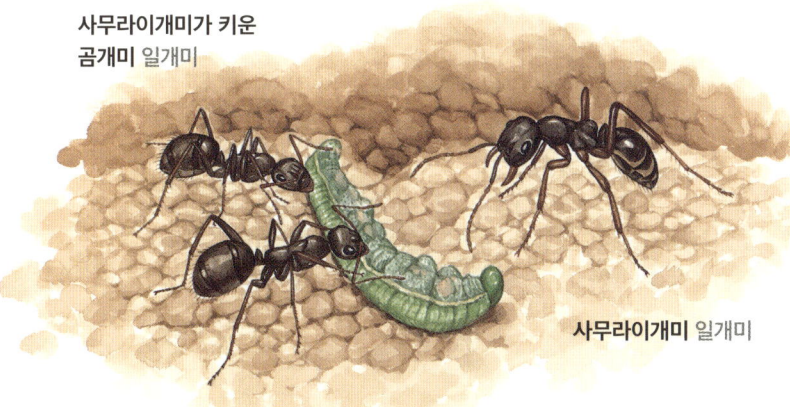

사무라이개미는 훔쳐 온
곰개미 애벌레와 고치를 잘 키워.
그러고는 이렇게 나온
곰개미 일개미를 부려 먹지.
아무것도 모르는 곰개미 일개미는
사무라이개미를 위해 먹이를 구해 오고
사무라이개미를 위해 열심히 일한대.

사무라이개미가 곰개미 집을 쳐들어가는 모습은 한여름에 공원에서도 볼 수 있어.
곰개미와 사무라이개미 모두 햇볕이 잘 드는 곳에 집을 짓거든.

개미를 노리는 벌레들

개미들은 서로 빼앗고 빼앗기는 싸움을 벌이기도 하지만,
개미를 노리는 천적이나 개미에게 빌붙어 사는 곤충도 많아.
아무리 숫자가 많고 복잡하고 정교한 사회를 이룬 개미라도,
수많은 곤충들이 개미에 더부살이하고, 개미를 먹이로 삼지.
어떤 벌레들이 개미를 노릴까?

개미를 조종하는 기생충, 란셋흡충

란셋흡충은 개미 몸속에 사는 기생충이야. 소나 염소처럼 풀을 뜯어 먹는 동물 몸속으로 가기 위해 개미를 이용해. 란셋흡충은 달팽이와 개미를 거쳐 소나 염소에게 들어가고 똥으로 나와 다시 달팽이에게 들어가길 되풀이해.

기생충은 다른 동물 몸속에 들어가거나
몸에 붙어서 영양분을
빨아먹고 사는 벌레를 말해.

란셋흡충

풀을 뜯어 먹는 동물이 풀밭에 똥을 싸면 란셋흡충 알이 섞여 나와.
알들은 풀 위를 굴러다니다가 달팽이가 풀을 갉아 먹을 때 달팽이 몸속으로 들어가.

알에서 깬 란셋흡충 애벌레는 한동안 달팽이 몸속에서 자라.
그러다 달팽이가 란셋흡충 애벌레가 잔뜩 든 똥을 싸면, 먹이를 찾아 풀잎을 돌아다니던 개미가 이 똥을 먹지.

개미 몸으로 들어간 란셋흡충은 개미를 자기 마음대로 부려.
란셋흡충 애벌레가 개미 몸속 신경을 자기 마음대로 조종하거든.

개미는 란셋흡충 애벌레가 시키는 대로
풀 꼭대기에 올라가서 풀 줄기를
큰턱으로 꽉 물고 매달려.

소는 풀을 뜯어 먹다가 풀 끝에 매달린 개미까지 먹게 돼.
그러면 란셋흡충이 처음 목적대로 소 몸속에 들어가 살게 되지.

남아메리카에 사는 한 기생충은 개미 배를 빨갛고 팽팽하게 부풀려.

기생충에 감염된 거북이개미야.
배가 마치 잘 익은 열매처럼 보이지?

새들은 거북이개미를
빨간 열매인 줄 알고 잡아먹어.
이때 기생충은 개미 몸에서
새 몸속으로 옮겨 들어가 살아.

개미 애벌레에게 알을 낳는 개미살이맵시벌

개미살이맵시벌은 개미 애벌레 몸속에 알을 낳는 벌이야. 몸길이가 3밀리미터쯤 돼.
그런데 개미 애벌레는 개미집 깊숙한 곳에서 살잖아?
개미살이맵시벌은 어떻게 개미 애벌레 몸속에 알을 낳는 걸까?

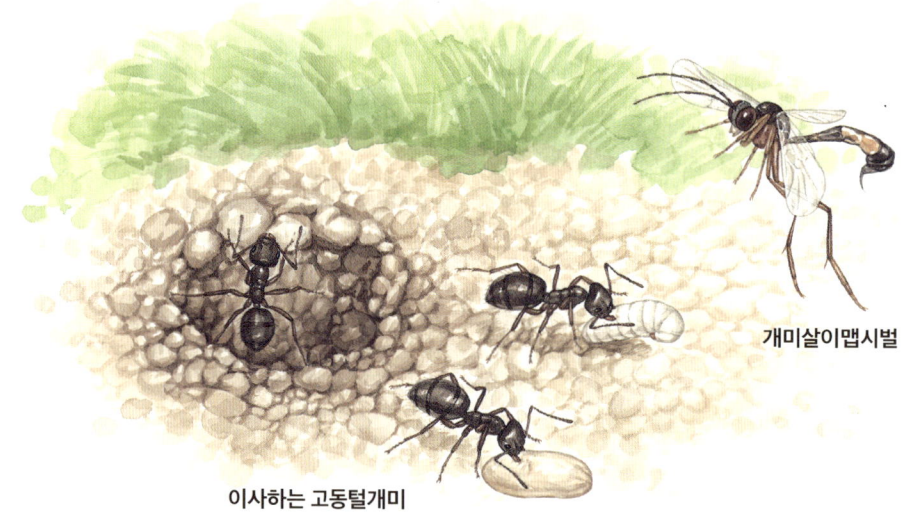

개미살이맵시벌이 한자리에 멈추어 날면서 개미집 둘레를 살피고 있어.

개미살이맵시벌

이사하는 고동털개미

개미는 장마철이면 개미집 깊숙한 곳에서 보살피던 애벌레를 물어다 물이 차지 않는 안전한 곳으로 옮겨.
개미살이맵시벌은 이때를 노려.

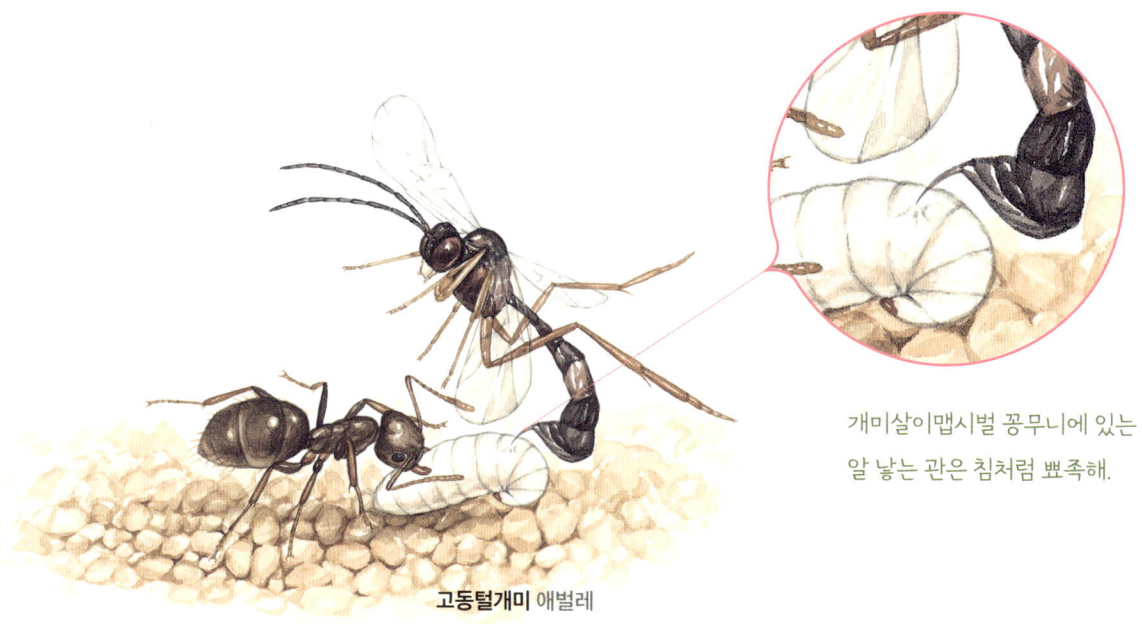

개미살이맵시벌 꽁무니에 있는 알 낳는 관은 침처럼 뾰족해.

고동털개미 애벌레

개미살이맵시벌은 개미 애벌레 몸에 산란관을 꽂고 재빨리 알을 낳아.
알에서 깨어난 개미살이맵시벌 애벌레는 개미 애벌레 몸속에서 살을 파먹고 자라지.

개미 몸에 알을 낳는 벼룩파리

벼룩파리 무리 가운데 몇몇 종은 개미 몸속에 알을 낳아.
개미 몸속에서 깨어난 벼룩파리 애벌레는 개미 몸을 파먹고 살지.

참수파리

참수파리는 개미만 노리는 사냥꾼이야.
몸길이는 0.4밀리미터 정도로 아주 작아.

벼룩파리가 개미 위를 빙빙 맴돌면서
개미가 한눈팔 때를 노리고 있어.

다 자란 참수파리가 떨어져 나간
개미 머리에서 밖으로 나오고 있어.
그래서 '참수파리'라는 이름이 붙은 거야.
참수는 목을 벤다는 뜻이거든.

참수파리

모래밭에서 개미를 노리는 개미귀신

모래밭에 깔때기처럼 움푹 구덩이를 파고 개미를 노리는 곤충이 있어.
바로 명주잠자리 애벌레인 개미귀신이야. 개미가 구덩이에 한 번 빠지면 빠져나오지 못해.
그래서 이 구덩이를 개미지옥이라고 해. 개미귀신은 이 개미지옥 한가운데
모래 속에 숨어서 개미가 떨어지길 기다리지.

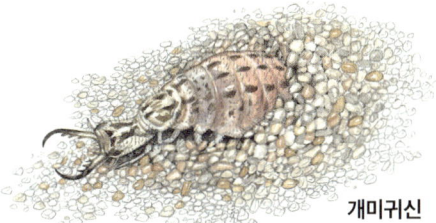
개미귀신

개미귀신은 턱이 아주 크고 날카로워.
이 큰턱으로 개미지옥에 빠진 개미를 재빨리 잡아.

개미지옥

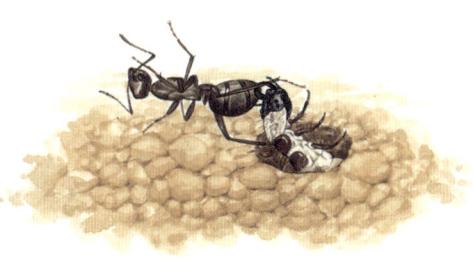

길앞잡이 애벌레도 땅바닥에 굴을 파고 들어가 있어.
굴 가까이 개미가 오면 재빨리 튀어나와 큰턱으로 개미를 잡아.

개미집에 들어가 사는 곤충들

개미집은 다른 곤충이 살기 참 좋아. 개미들이 집을 잘 지은 덕분에 춥지도 덥지도 않고,
개미가 늘 부지런히 먹이를 쌓아 두니 먹을거리도 넘쳐 나.
개미 눈만 잘 피하면 집안에 다른 천적도 없지. 그래서 귀뚜라미, 노래기, 파리, 꽃등에,
나방, 거미, 바퀴벌레, 딱정벌레 같은 벌레들이 늘 개미 눈치를 보며 개미집을 노려.
이런 벌레들은 개미와 비슷한 냄새를 풍기거나, 개미 공격에도 몸을 지킬 수 있는 재주가 있어.
또 아주 빠르게 도망치며 개미집 안에서 살아남기도 해.

개미꽃등에는 생김새가 파리를 닮은 곤충이야. 개미꽃등에 애벌레는 개미집에 살면서
개미 알이나 애벌레를 잡아먹어. 그럼 개미꽃등에 애벌레는 어떻게 개미집에 들어갈까?

개미꽃등에 짝짓기

개미꽃등에는 이른 봄부터 여름까지 짝짓기를 해.
짧은 짝짓기가 끝나면 개미집 가까이에 알을 낳아.

개미꽃등에 애벌레는 알에서 깨어나면 달팽이처럼 미끄러지듯
움직여서 알아서 개미집 안으로 들어가.
생긴 게 꼭 엎어 놓은 방패 같지?
몸이 방패처럼 넓적해서 몸을 바닥에 딱 붙이고 있으면
개미가 어쩌지 못해. 처음에는 개미들이 힘을 모아 애벌레를
뒤집어서 잡아먹기도 해. 그런데 개미꽃등에 애벌레는 갈수록
개미와 비슷한 냄새를 풍겨. 그래서 개미들이
이상한 점을 못 느끼고 함께 살게 돼.
개미집으로 들어간 개미꽃등에 애벌레는
개미 알이나 애벌레가 앞에 있으면 방패 같은 몸을 살짝 들어
머리를 내민 뒤 주둥이를 쭉 내밀어 잡아먹지.

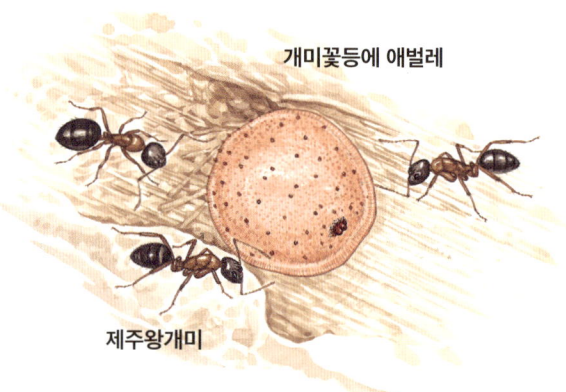

개미꽃등에 애벌레

제주왕개미

개미꽃등에 애벌레는 허물을 두 번 벗을 때까지 개미집에 살면서 겨울을 나.
이듬해 봄이 되면 개미집 밖으로 나와서 어른벌레로 날개돋이하지.
한 개미집에서 개미꽃등에 애벌레가 30~40마리까지 살기도 해.

개미를 속이는 반날개와 개미사돈, 개미집귀뚜라미

딱정벌레인 반날개, 개미사돈과 메뚜기 무리인 개미집귀뚜라미도 모두 개미집에서
함께 사는 곤충이야. 개미 알이나 애벌레, 먹이 찌꺼기를 먹지.
이들 가운데 몇몇은 개미를 속여서 먹이를 얻어. 개미는 동료가 밥을 달라고 조르면
먹을 것을 토해서 나눠 주는데, 반날개나 개미사돈이 이 모습을 따라 하거든.
개미들은 자기와 비슷한 냄새가 나니까 동료인 줄 알고 속아 넘어가지.

개미사돈은 몸길이가 2밀리미터쯤 돼.
개미집에 살면서 개미가 떨구는 먹이를 먹고,
가끔 더부살이하는 개미를 잡아먹기도 해.

개미사돈

개미 흉내를 내는 반날개 **곰개미**

반날개는 딱정벌레 무리 가운데 하나야. 딱지날개가 반밖에 없는 것처럼 짧아서 반날개라는 이름이 붙었어.
반날개는 개미와 똑같은 냄새를 풍기고, 개미가 하는 짓을 똑같이 흉내 내.
그럼 개미는 자기 동료인 줄 알고 반날개에게 먹이를 나눠 줘.

곰개미 **개미집귀뚜라미**

개미집귀뚜라미도 개미집에 들어가 살아. 그러면서 반날개처럼 개미에게 먹을 것을 얻어먹어.
개미집귀뚜라미는 몸길이가 2~4밀리미터로 우리나라에 사는 귀뚜라미 가운데 가장 작아. 개미랑 몸 크기가 비슷하지.
개미집귀뚜라미는 왕개미, 불개미, 털개미, 주름개미 같은 여러 가지 개미집에서 볼 수 있어.

개미와 더불어 사는 친구들

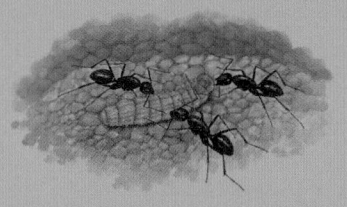

개미한테서 많은 것을 빼앗아가는 생물도 많지만,
개미와 더불어 사는 생물들도 많아.
이것을 한자말로 '공생'이라고 해.
어떤 친구들이 개미와 더불어 살까?

개미와 돕고 사는 진딧물

진딧물은 노린재 무리에 속하는 벌레야. 풀 줄기에 다닥다닥 붙어 즙을 빨아 먹고 살지.
그런데 몸이 아주 부드럽고 자기 몸을 지킬 날카로운 이빨도 없고, 독도 없어.
그래서 천적인 무당벌레나 무당벌레 애벌레가 쉽게 잡아먹지.
개미는 이런 진딧물을 안전하게 지켜 줘. 진딧물 꽁무니에서 나오는 맛있는 단물을 얻기 위해서야.
진딧물이 내주는 단물은 개미들이 모으는 먹이 가운데 큰 몫을 차지해. 개미는 진딧물을
자기 집 둘레로 옮겨서 기르기도 해. 사람이 소나 돼지를 치듯이 진딧물 목장을 꾸리는 거지.

곰개미가 풀 줄기를 오르내리면서
진딧물을 지켜 주고 단물을 얻어먹고 있어.

곰개미

진딧물

무당벌레가 진딧물을
잡아먹고 있어.

남생이무당벌레 애벌레는 진딧물을 잔뜩 잡아먹어.
그 밖에도 여러 무당벌레가 진딧물을 잡아먹지.

남생이무당벌레 애벌레

남생이무당벌레   칠성무당벌레   애홍점박이무당벌레   무당벌레

진딧물 말고도 같은 노린재 무리인 매미충, 깍지벌레, 뿔매미 애벌레들이 개미와 더불어 살아.
이 애벌레들은 개미에게 단물을 주고, 그 대신 개미는 무당벌레 같은 천적으로부터 애벌레를 지켜 주지.

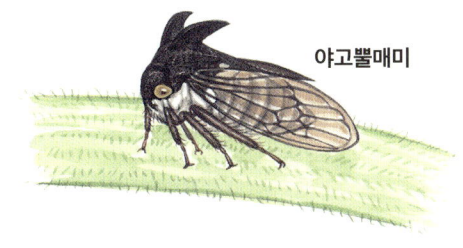
야고뿔매미

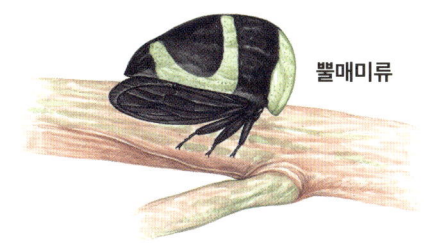
뿔매미류

고동털개미 / 뿔매미류 애벌레

뿔매미류 애벌레 꽁무니에서 나오는
단물을 고동털개미가 먹고 있어.
고동털개미가 애벌레를 지켜 주는 대신 단물을 얻는 거야.

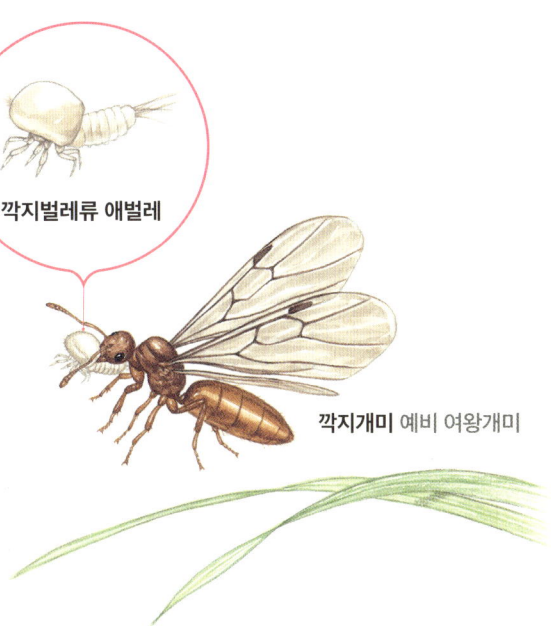
깍지벌레류 애벌레 / 깍지개미 예비 여왕개미

깍지개미 예비 여왕개미는 혼인 비행을 할 때
예전에 살던 집에서 아예 깍지벌레 애벌레 한 마리를
물고 나와. 새로운 왕국을 만들 때 단물을 얻을
깍지벌레가 꼭 필요하기 때문이야.

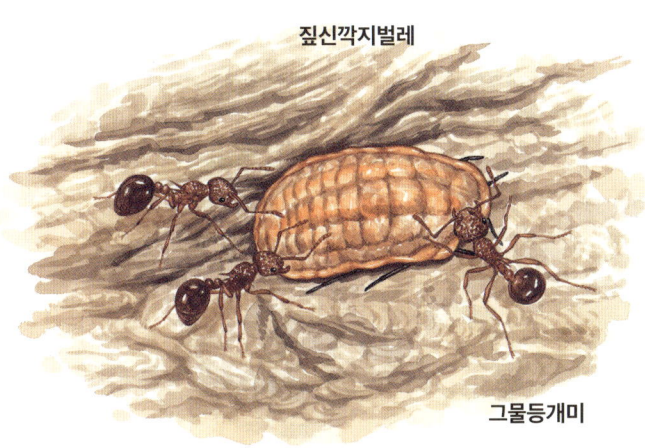
짚신깍지벌레 / 그물등개미

그물등개미들이 힘을 모아
짚신깍지벌레를 돌봐 주고 있어.
짚신깍지벌레도 꽁무니에서 단물이 나와.

개미집에서 애벌레 시절을 나는 부전나비

개미가 아예 집으로 데리고 들어가 함께 사는 벌레도 있어. 바로 부전나비 애벌레야.
개미들은 부전나비 애벌레한테 먹이를 주고 정성껏 돌봐. 부전나비 애벌레도 개미에게
맛있는 단물을 내어 주거든. 때로는 부전나비 애벌레가 개미 알이나 애벌레를 잡아먹기도 해.
그래도 개미는 부전나비 애벌레가 주는 단물이 더 중요한지 아랑곳하지 않아.

담흑부전나비는 이른 봄 개미집 둘레에 있는 식물에 알을 낳아.
태어난 지 얼마 안 되는 담흑부전나비 애벌레는 새순을 갉아 먹고 쑥쑥 자라지.
2령 애벌레가 되면 일본왕개미가 담흑부전나비 애벌레를 물고 집 안으로 들어가.
담흑부전나비 애벌레는 등에서 단물을 개미에게 뿜어 주고, 개미는 애벌레를 돌봐 줘.
그렇지만 담흑부전나비 애벌레가 어른벌레가 되면 몸이 채 마르지 않았는데도 서둘러 도망쳐.
개미가 어른벌레는 공격할 수도 있기 때문이야.

| 쌍꼬리부전나비 애벌레 | 수컷 | 암컷 |

쌍꼬리부전나비 애벌레는 마쓰무라꼬리치레개미 집에서 함께 살아.
애벌레 몸에 난 돌기에서 개미가 좋아하는 단물이 나오거든. 개미는 이 단물을 빨아 먹기 위해
애벌레에게 먹이를 물어다 주며 돌봐 줘. 애벌레는 가끔 개미집 안에 모아 둔 먹이를 먹기도 해.

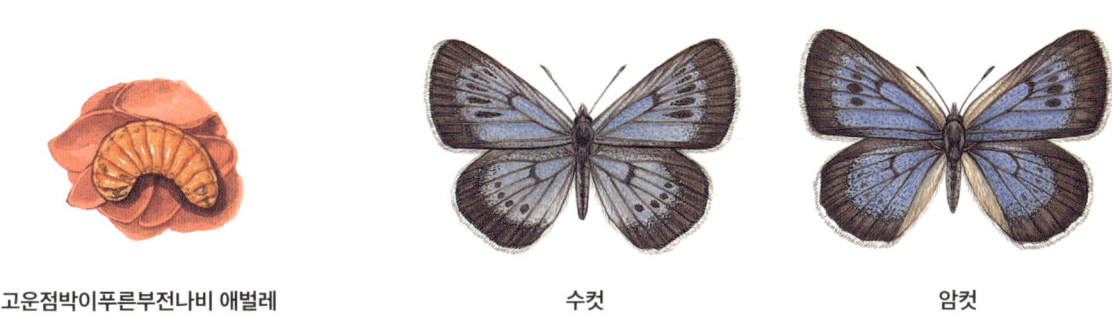

| 고운점박이푸른부전나비 애벌레 | 수컷 | 암컷 |

고운점박이푸른부전나비 애벌레는 코토쿠뿔개미, 빗개미, 주름뿔개미, 나도빗개미 집으로
들어가서 함께 사는데 가끔 개미 알이나 어린 개미 애벌레를 잡아먹어.

| 큰점박이푸른부전나비 애벌레 | 수컷 | 암컷 |

큰점박이푸른부전나비는 4령 애벌레가 되면 빗개미 집에 들어가 함께 살아.
또 점박이푸른부전나비 무리 애벌레는 뿔개미들과도 더불어 살지.
회령푸른부전나비, 작은홍띠점박이푸른부전나비 애벌레는 주름개미와 함께 살아.

개미와 더불어 사는 식물들

개미는 동물들하고만 서로 돕고 사는 게 아니야. 수많은 식물도 개미와 더불어 살지.
개미가 식물 씨앗을 널리 퍼뜨려 주거든. 하지만 개미가 공짜로 씨앗을 옮겨 주진 않아.
제비꽃, 얼레지, 깽깽이풀, 애기똥풀 씨앗에는 '엘라이오좀'이라는 달콤한 물질이 붙어 있어.
개미는 이 물질을 먹으려고 씨앗을 물고 집으로 가져와. 이러면서 씨앗이 멀리 퍼지는 거야.

짱구개미가 엘라이오좀이 붙은 씨앗을 물고 가고 있어.

깽깽이풀 씨앗

깽깽이풀 씨앗에 엘라이오좀이 붙어 있어.
달달해서 개미들이 좋아해.

깽깽이풀

애기똥풀

애기똥풀 씨앗

애기똥풀 씨앗에 엘라이오좀이 붙어 있어.

제비꽃

엘라이오좀 **제비꽃 씨앗**

제비꽃 씨앗에 엘라이오좀이 붙어 있어.

얼레지

엘라이오좀

얼레지 씨앗

달콤한 엘라이오좀이 붙은 얼레지 씨앗이야.

슈도머멕스속 개미

탕가라나 나무

남아메리카에 자라는 탕가라나 나무는 줄기에 개미가 살 곳을 마련해 둬.
줄기 속이 비어 있고, 껍질이 얇아 개미가 쉽게 파고 들어갈 수 있는 곳을 말이야.
그 속에 개미가 들어가면 나무 속에 사는 깍지벌레가 개미에게 단물을 내주어.
그러면 개미가 그 단물을 받아먹지. 그 대신 개미는 탕가라나 나무 둘레에
다른 식물이 자라지 못하도록 싹을 잘라 탕가라나 나무가 잘 자라도록 도와.
또 아주 센 독침으로 나무를 먹으려는 다른 동물들도 쫓아 줘.

글 동민수

중학생 때부터 개미를 좋아했습니다. 개미의 진화생물학적 신비를 탐구하기 위해 남아메리카, 아프리카, 동남아시아 정글에서 보내는 시간이 행복합니다. 강원대학교 응용생물학과를 졸업하고 프린스턴대학교 EEB P3 과정을 수료했습니다. 국립생물자원관에서 참여연구원으로 있었고 현재 일본 오키나와과학기술대학원(OIST) 생물 다양성 및 생물 복잡성 실험실에서 연구인턴으로 있습니다. 국제 개미 데이터베이스 앤트위키(Antwiki)의 편집자이고, 포항공대 브릭(BRIC) 곤충 종 준동정 위원이며, 다살이곤충연구소 자문위원이기도 합니다. 《한국 개미》(2017), 《한국 개미 사전》(2020) 같은 책을 썼습니다.

그림 옥영관

서울에서 태어났습니다. 어릴 때 살던 동네는 아직 개발이 되지 않아 둘레에 산과 들판이 많았답니다. 그 속에서 마음껏 뛰어놀면서 늘 여러 가지 생물에 호기심을 가지고 자랐습니다. 홍익대학교 미술대학과 대학원에서 회화를 공부하고 작품 활동과 전시회를 여러 번 열었습니다. 또 8년 동안 방송국 애니메이션 동화를 그리기도 했습니다. 2012년부터 딱정벌레를 시작으로 세밀화 도감에 들어갈 그림을 그리고 있습니다. 《으뜸 비행사 잠자리》, 《세밀화로 그린 보리 어린이 잠자리 도감》, 《잠자리 나들이 도감》, 《세밀화로 그린 보리 어린이 나비 도감》, 《나비 나들이 도감》, 《세밀화로 그린 큰도감 나비 도감》, 《세밀화로 보는 정부희 선생님 곤충 교실》(5권), 《세밀화로 그린 큰도감 딱정벌레 도감》에 그림을 그렸습니다.

부지런한 일꾼
개미

2023년 7월 15일 1판 1쇄 펴냄 | 2024년 7월 16일 1판 3쇄 펴냄

글 동민수 | **그림** 옥영관
식물 세밀화 이원우
기획·편집 김종현
편집부 김누리, 김성재, 이경희, 임헌
디자인 오혜진 | **제작** 심준엽 | **영업마케팅** 김현정, 심규완, 양병희 | **영업관리** 안명선
새사업부 조서연 | **경영지원실** 노명아, 신종호, 차수민
분해와 인쇄 (주)로얄프로세스 | **제본** (주)상지사 P&B

펴낸이 유문숙 | **펴낸 곳** (주)도서출판 보리 | **출판등록** 1991년 8월 6일 제9-279호
주소 (10881) 경기도 파주시 직지길 492 | **전화** 031-955-3535 | **전송** 031-950-9501
누리집 www.boribook.com | **전자우편** bori@boribook.com

ⓒ 옥영관, 동민수, 김종현, 2023

이 책의 내용을 쓰고자 할 때는, 저작권자와 출판사의 허락을 받아야 합니다.
잘못된 책은 바꾸어 드립니다.
값 20,000원

보리는 나무 한 그루를 베어 낼 가치가 있는지 생각하며 책을 만듭니다.

ISBN 979-11-6314-318-5 (77470)
이 도서는 한국출판문화산업진흥원의 '2023년 우수출판콘텐츠 제작 지원' 사업 선정작입니다.

제품명 : 도서 제조자명 : (주) 도서출판 보리 주소 : (10881) 경기도 파주시 직지길 492 전화번호 : (031) 955-3535
제조년월 : 2024년 7월 제조국 : 대한민국 사용연령 : 5세 이상 주의사항 : 책의 모서리가 날카로우니 다치지 않게 주의하세요.
KC 마크는 이 제품이 공통안전기준에 적합하였음을 의미합니다.